Welt der Wörter

Arbeitsmaterialien 2

Lehrmittelverlag Zürich

ilz Lehrmittel der Interkantonalen Lehrmittelzentrale

Sprachbuch für das 8. Schuljahr
Arbeitsmaterialien
Band 2

Weitere Lehrwerksteile
Schülerbuch
Lösungen zu Schülerbuch und Arbeitsmaterialien
Kommentar
Diapositive/Dia-DVD
CD-ROM
Audio-CD

Autoren
Walter Flückiger, Max Huwyler

Wissenschaftlicher Fachberater
Prof. Dr. Peter Gallmann, Universität Jena

Gestaltung
Hubert Hasler / Prisca Itel-Mändli, Winterthur

Zeichnungen
Jürg Furrer, Seon
Christian Wesp, Attelwil

Fotos, Reproduktionen
Bildernachweis im Anhang

Nach Rechtschreibreform 2006

© 2000 Lehrmittelverlag Zürich
10. korrigierte Auflage 2011 (9. Auflage 2010)
Printed in Switzerland
Klimaneutral gedruckt auf Recyclingpapier
ISBN 978-3-906720-95-1
www.lehrmittelverlag-zuerich.ch

Das Werk und seine Teile sind urheberrechtlich geschützt.
Nachdruck, Vervielfältigung jeder Art oder Verbreitung –
auch auszugsweise – nur mit vorheriger schriftlicher Genehmigung
des Verlages.

Arbeitsmaterialien zu «Welt der Wörter 2»

Verwendung

Die Arbeitsmaterialien sind Teil des Sprachbuchs «Welt der Wörter 2». Es sind Mosaiksteine, welche die Arbeit in den verschiedenen Teilbereichen des Deutschunterrichts unterstützen.

In der Regel wird man vom Schülerbuch zu den Arbeitsmaterialien gelangen, der umgekehrte Weg ist aber ebenfalls möglich. Die meisten Arbeitsmaterialien lassen sich auch unabhängig vom Schülerbuch verwenden, beispielsweise bei der Repetition von Stoffbereichen oder als Elemente des Plan- bzw. Werkstattunterrichts. Viele Materialien können auch als Modelle zum Verfassen eigener Übungen dienen.

Lösungen

Die Lösungen zu den Arbeitsmaterialien befinden sich im Lösungsordner zu «Welt der Wörter 2». Lösungsvarianten können von den Lösungen nicht immer erfasst werden. Ganz besonders gilt dies bei den Arbeitsmaterialien zur Stilistik und zum Wortschatz, teilweise aber auch bei den Übungen zur Zeichensetzung und zur Grammatik.

Kommentar

Die Arbeitsmaterialien erfordern keine Kommentierung. Eine Beschreibung des Deutschunterrichts, dem «Welt der Wörter 2» dient, sowie ausführliche Hinweise zur Unterrichtsgestaltung befinden sich im Kommentar zum Schülerbuch.

Verzeichnis

Das Verzeichnis gibt einen Überblick über die nach Lernbereichen geordneten Arbeitsmaterialien.

Titelzeile der Arbeitsmaterialien

> ① ②
> **WL2 L Zurück nach Oraibi**
> Zeitformen im Text erkennen (4.9)

① Buchstabe   Bezeichnung des Lernbereichs
   Zahl   Nummerierung der Arbeitsmaterialien zu einem Lernbereich
   L = Lösung   Die Lösung hat dieselbe Nummer wie das Arbeitsmaterial.

   Lernbereiche
   W   Wortschatz: Wortfelder, Wortfamilien, Begriffe, Redewendungen, Sprichwörter
   F   Formulieren, Stilistik
   T   Textverständnis, Lesen
   D   Diverses: Wahrnehmungsschulung, Berufsfindung, Denksport
   WL   Wortlehre
   SL   Satzlehre
   RZ   Rechtschreibung, Zeichensetzung

② Titel
   Lernziel/Thema (4.9): Verweis auf Schülerbuch

Inhaltsverzeichnis
zu den Arbeitsmaterialien «Welt der Wörter 2»

W		Wortschatz	Wortbedeutung, Redewendungen, Zwillingsformeln
W1	L	kräftigen, füttern, mästen	Wortbedeutung I
W2	L	Tisch, Sessel, Schrank	Wortbedeutung II
W3	L	Sitzender – Stuhl	Wortbedeutung III
W4	L	Wald – Bäume ...	Analogien bilden
W5	L	Am meisten Ähnlichkeit ...	Sätze ergänzen
W6	L	Die kalte Schulter zeigen	Redewendungen I
W7	L	Mit dem Kopf durch die Wand	Redewendungen II
W8	L	Vom Scheitel bis zur Sohle	Redewendungen III
W9	L	(K)einen Schnitzer machen	Redewendungen IV
W10	L	Bei Nacht und Nebel	Zwillingsformeln I
W11	L	Drauf und dran	Zwillingsformeln II

F		Formulieren/Stilistik	
F1		Den eigenen Ideen auf der Spur	Clustering als Schreibhilfe (Ü4)
F2		Eine Schülerzeitung machen	Checkliste (Kap.1)
F3	L	Nasa-Computer angezapft	Zeitungsbericht verfassen (Kap.1)
F4	L	Bahnhofrestaurant in Flammen	Zeitungsbericht verfassen (Kap.1)
F5	L	Banküberfall in Wien	Zeitungsbericht verfassen (Kap.1)
F6	L	Versammlung Schwimmbadverein	Zeitungsbericht verfassen (Kap.1)
F7		Man(n) fährt, Frau auch!	Eine Reportage machen (Kap.1/3)
F8		Frauenberufe – Männerberufe?	Merkmale der Reportage (Kap.1/3)
F9		Berufsbild	Einen Berufsvortrag gestalten (Kap. 3)
F10		Sich erinnern	Aus der Erinnerung schreiben (Kap. 4)
F11	L	Baronesse Draculesse	Eine Geschichte fortsetzen (Kap. 6/7)
F12		Kleine Vampirkunde	«Sachinformation» (Kap. 6/7)
F13	L	Stellen Sie sich meine Lage vor!	«Lagebericht» (Kap. 6/7)
F14		Wir fragen – Sie antworten	Pointen erfinden (Kap. 7)
F15		Inventur	Gedichte (Kap. 7)

T		Textverständnis	
T1		Der Lederhändler – Text	Lebensplanung (Kap. 3)
T2	L	Der Lederhändler – Fragen	Lebensplanung (Kap. 3)
T3		Nach der Landung – Text	Einen Text erfassen/zusammenfassen
T4	L	Nach der Landung – Fragen	Einen Text erfassen/zusammenfassen
T5		Bingo I – Text	Texte lesen und verstehen
T6		Bingo II – Text	Texte lesen und verstehen
T7	L	Bingo III – Wohnungsplan	Texte lesen und verstehen
T8	L	Bingo IV – Fragen	Texte lesen und verstehen
T9	L	Cumulusbildung	Text und Illustration
T10	L	Üble Partikeln	Fachbegriffe nachschlagen
T11	L	Claires Trost	Handlung erschliessen

D		Diverses	
D1		Inserate gestalten	Kriterien (Kap. 1)
D2		Sein Leben gestalten	Selbsteinschätzung (Kap. 3)
D3		Umfahrungsstrasse? – Plan	Interessen vertreten (5.8/5.9)
D4		Umfahrungsstrasse? – Rollen	Interessen vertreten (5.8/5.9)
D5	L	Logicals I	Denksport
D6	L	Logicals II	Denksport
D7	L	Zwei Knacknüsse	Denksport
D8	L	Die Türe zur Freiheit	Denksport
D9		Sich etwas einprägen	Wahrnehmungsübungen

WL		**Wortlehre**	
WL1	L	Wortarten	Begriffrepetition
WL2	L	Zurück nach Oraibi	Zeitformen erkennen (4.9)
WL3	L	Das Fahrrad	Präsens und Präteritum (4.9)
WL4	L	Bristener Schutzdamm bewährt sich	Zeitformen erkennen (4.9)
WL5	L	Am Bahnhof	Zeitformen erkennen (Ü13, Ü14)
WL6	L	Im Wartezimmer	Zeitformen bilden (Ü13, Ü14)
WL7	L	Manchmal pfeifte der Schiedsrichter falsch	Verbformen bilden (V1–V5)
WL8	L	Stammformen bilden	Stammformen bilden (V1–V5)
WL9	L	Wenn wir Laurel und Hardy wären	Konjunktivformen (Ü15)
WL10		Aus der Fremde	Konjunktivformen im Dialog (Ü15)
WL11	L	Die Vermarktung des erlegten Wildes	Passivformen bilden (8.1–8.4)
WL12	L	Walter Weibel will Weibel werden	Passiv und Futur (8.1–8.4)
WL13	L	Aktiv – Passiv	Passivformen bilden
WL14	L	Zirkus in Flammen	Pronomensorten im Text (8.6–8.9)
WL15	L	Jeden Tag ein wenig	Pronomensorten im Text (8.6–8.9)
WL16	L	Unfallmeldung 1915	Präpositionen und Konjunktionen (Ü20)
WL17	L	Brosamen und Partikeln	Präpositionen und Konjunktionen (Ü20)
WL18	L	Durch die Blume	Präpositionen (Ü20)
WL19	L	Ein Mann von Wort	Konjunktionen (Ü20)
WL20	L	Die Nixe des Hüttensees	Partikeln und Adjektive (Ü20, 8.10/8.11)
WL21	L	Sollen Hunde fernsehen?	Adjektive im Text (8.9–8.11)
WL22	L	Titanic	Adjektive im Text (8.9–8.11)
WL23	L	Die flüsterleise Sensation	Adjektive im Werbetext (8.9–8.11)
WL24	L	Im Falle eines Falles	Fallformen bilden
WL25	L	Über dem Atlantik	Fallformen erkennen
SL		**Satzlehre**	
SL1	L	Wolf, Geisslein und Teilsätze	Satzbau und Satzzeichen (2.8)
SL2	L	Rotkäppchen und Teilsätzchen	Satzbau und Satzzeichen (2.8)
SL3	L	Die nachdenklichen Hühner	Satzlehre (2.8, 2.12)
SL4	L	Automacho	Zusammengezogene Teilsätze (2.9)
SL5	L	Die Stachelschweine	Verbale Teile, Satzglieder, Subjekt (2.12)
SL6	L	Formvollendet	Subjekt und Objekte (2.12)
SL7	L	Ferien im Büro I	Verbale Teile und Satzglieder (2.12)
SL8	L	Ferien im Büro II	Verbale Teile und Satzglieder (2.12)
SL9	L	Kreuz und quer durch Wort- und Satzlehre	Begriffsrepetition
SL10		Kreuz und quer durch Wort- und Satzlehre	Legende
SL11	L	Rex jagt	Satzverknüpfung
R		**Rechtschreibung, Zeichensetzung**	
RZ1	L	Original und Abschrift	Abweichungen finden
RZ2	L	«Spickwitze» I	Gross-/Kleinschreibung, Zeichensetzung
RZ3	L	«Spickwitze» II	Gross-/Kleinschreibung, Zeichensetzung
RZ4	L	Landstrasse und Ehe	Gross-/Kleinschreibung, Zeichensetzung
RZ5	L	Anruf am Morgen	Gross-/Kleinschreibung, Zeichensetzung
RZ6	L	Fabeln und Rechtschreibung	Rechtschreibung, Zeichensetzung
RZ7	L	Vergleichsformen mit oder ohne Umlaut?	Rechtschreibung von Adjektiven (8.10)
RZ8	L	Zusammen oder getrennt schreiben?	Rechtschreibung
RZ9	L	Kurze Geschichten als Diktatübungen	Rechtschreibung, Zeichensetzung
RZ10	L	Anspruchsvolle Diktatübungen	Rechtschreibung, Zeichensetzung
RZ11	L	Satzzeichen als Lesehilfe	Zeichensetzung

Wortschatz

Wortbedeutung, Redewendungen, Zwillingsformeln

Seite		Titel	Lernziel/Thema (Verweis auf Schülerbuch)
W1	L	kräftigen, füttern, mästen	Wortbedeutung I
W2	L	Tisch, Sessel, Schrank	Wortbedeutung II
W3	L	Sitzender – Stuhl	Wortbedeutung III
W4	L	Wald – Bäume	Analogien bilden
W5	L	Am meisten Ähnlichkeit …	Sätze ergänzen
W6	L	Die kalte Schulter zeigen	Redewendungen I
W7	L	Mit dem Kopf durch die Wand	Redewendungen II
W8	L	Vom Scheitel bis zur Sohle	Redewendungen III
W9	L	(K)einen Schnitzer machen	Redewendungen IV
W10	L	Bei Nacht und Nebel	Zwillingsformeln I
W11	L	Drauf und dran	Zwillingsformeln II

W1 kräftigen, füttern, mästen
Wortbedeutung I

A Unterstreiche das Wort, das dem ersten in der Gruppe am ähnlichsten ist.

1. kräftigen, füttern, mästen, fördern, stärken, steigern, sorgen
2. mindern, verengen, einengen, verringern, einschätzen, vertiefen, abziehen
3. Argwohn, Ahnung, Misstrauen, Hinterlist, Neid, Falschheit, Charakterschwäche
4. echt, aufrichtig, unverfälscht, ehrlich, anständig, wirklich, kostbar
5. unversehens, zufällig, achtlos, plötzlich, schnell, blindlings, konsequent
6. hämisch, verschlagen, verstohlen, neidisch, bitter, schadenfroh, hinterhältig
7. willfährig, gefällig, nachgiebig, gefügig, bereitwillig, gutwillig, schwach
8. schmähen, demütigen, verurteilen, verachten, bemäkeln, beschimpfen, beschuldigen
9. unterwürfig, schmeichlerisch, unwürdig, bescheiden, kriecherisch, willenlos, gefühllos
10. hinterhältig, eklig, abscheulich, widerwärtig, falsch, abstossend, widerlich, hässlich

B Das untere Begriffspaar soll dem oberen entsprechen. Welches Wort kommt in die Lücke?

1. Schaf — Wolle
   Vogel — _____
   Flügel, Körner, Nest, Taube, Federn, Tier

2. Fleiss — Faulheit
   Tapferkeit — _____
   Schwäche, Mutlosigkeit, Treue, Kühnheit, Feigheit, Willensschwäche

3. Dach — Keller
   Zimmerdecke — _____
   Fenster, Wand, Lampe, Fussboden, Teppich, Tür

4. wissen — vermuten
   messen — _____
   vergleichen, überprüfen, bestimmen, verschätzen, wiegen, schätzen

5. bitten — betteln
   klagen — _____
   leiden, heulen, jammern, trauern, bedauern, weinen

6. erwerben — besitzen
   üben — _____
   verstehen, trainieren, wiederholen, aneignen, vollbringen, beherrschen

7. Alkohol — Arznei
   berauschend — _____
   beruhigend, vergiftend, heilend, überzeugend, bitter, verordnet

8. Unordnung — Regel
   Willkür — _____
   Ordnung, Macht, Wille, Diktatur, Gesetz, Vorschrift

9. Leder — Eisen
   zäh — _____
   haltbar, weich, schwer, rostig, biegsam, hart

10. Melodie — Ton
    Gemälde — _____
    Kunstwerk, Helligkeit, Skala, Farbe, Form, Pinsel

11. Pfeffer — Zitrone
    scharf — _____
    bitter, sauer, würzig, beissend, aromatisch, prickelnd

12. Buchstabe — Ziffer
    Wort — _____
    Wert, Summe, Zahl, Satz, Rechnung, Aufgabe

13. Ton — Wort
    Musik — _____
    Klang, Buchstabe, Sprache, Stimme, Satz, Gedicht

14. Dämmerung — Finsternis
    zweifeln — _____
    aufgeben, verwerfen, begreifen, zögern, beenden, abschaffen

W2 Tisch, Sessel, Schrank
Wortbedeutung II

A Unterstreiche jenes Wort, das nicht in die Wörtergruppe passt.

1 Tisch, Sessel, Schrank, Bett, Taube
2 Betrug, Unterschlagung, Schwindel, Fälschung, Trugschluss
3 kochen, schneidern, brauen, schmieden, lernen
4 beispielhaft, ausgezeichnet, hervortretend, vorbildlich
5 gewaschen, gepflegt, gereinigt, geschmirgelt, geschniegelt
6 Ansprache, Abstimmung, Monolog, Rede, Diskussion
7 Türschloss, Wasserhahn, Reissverschluss, Schraubenzieher
8 verängstigt, verunsichert, beunruhigt, bedroht
9 Herberge, Hotel, Pension, Restaurant, Gasthof
10 Ehe, Gemeinschaft, Brücke, Grenze, Steg
11 sofort, bald, demnächst, in Kürze, morgen
12 bohren, hobeln, schleifen, walzen, polieren
13 windig, regnerisch, gefroren, bewölkt, neblig
14 bestätigen, planen, beurteilen, werten, bekräftigen

B Unterstreiche die beiden Wörter, die sich ihrer Bedeutung nach am ähnlichsten sind.

1 Gutgläubigkeit, gütig, gütlich, Gutherzigkeit
2 Nachricht, Schnelligkeit, Tendenz, Neuigkeit
3 Märchen, Roman, Buch, Sage
4 verhaften, strafen, rächen, züchtigen

C Unterstreiche die beiden Wörter, die ihrer Bedeutung nach nicht zu den übrigen passen:

1 Rotkehlchen, Taube, Spaten, Heugabel, Adler
2 Hai, Seelöwe, Kabeljau, Wal, Forelle
3 Mikroskop, Telefon, Feldstecher, Teleskop, Telegramm
4 Gestank, Furcht, Geräusch, Wärme, Liebe

D Unterstreiche die beiden Wörter, die ihrer Bedeutung nach am gegensätzlichsten sind.

1 beleidigen, abstreiten, verunglimpfen, bestätigen
2 vermissen, verschleiern, verzögern, geheim, aufdecken
3 offenherzig, offensichtlich, schlicht, einfach, verschwiegen
4 verschlimmern, verlieben, geniessen, verbessern, verzagen

E Unterstreiche die beiden ihrer Bedeutung nach ähnlichsten bzw. verschiedensten Wörter.

1 Verhältnis, temperamentvoll, glücklich, gierig, antriebslos
2 widersprechen, wiederholen, beanstanden, zögern, opfern
3 zielstrebig, beschliessen, schwankend, Lösung, Verlässlichkeit
4 Hochebene, Topografie, Urgestein, Plateau, Hochgebirge

W3 Sitzender – Stuhl
Wortbedeutung III

- Aufgaben wie diese hier findet man häufig im sprachlichen Teil von Eignungstests. Solche Aufgaben sind stets innerhalb einer bestimmten Zeitspanne zu lösen. Eine Viertelstunde sollte dafür reichen. Für gewisse Aufgaben ist ein Wörterbuch nützlich (z.B. Fremdwörterbuch, Bedeutungswörterbuch).

A Analogien (Entsprechungen) vervollständigen

- Unterstreiche rechts des Doppelpunkts jene beiden Wörter, die sich zueinander ähnlich verhalten wie die kursiv gedruckten Wörter links.

1 Der *Sitzende* verhält sich zum *Stuhl* wie: Tasse, Untertasse, Teller, Bein

2 Die *Nadel* verhält sich zum *Faden* wie: Garn, nähen, Führer, Gefolgsmann

3 *Erfreulich* verhält sich zu *betrüblich* wie: sich freuen, das Beste, schlecht, trauern

4 *Fussboden* verhält sich zu *Trittfläche* wie: Fenster, Glas, Ausblick, Ziegelstein

B Wörter herausfinden

- Setze jeweils ein Wort ein, das seiner Bedeutung nach den Wörtern links und rechts der Klammer ähnlich ist. Die Punkte markieren die fehlenden Buchstaben.

1	Satz	(S p . . . g)	Riss
2	Mitgefühl	(T . . . . . hme)	Anwesenheit
3	Geschöpf	(. . . en)	Eigenart
4	Fernrohr	(. . . s)	Kelch
5	Burg	(. . chl . . .)	Riegel
6	Seil	(. . .)	Feuchtigkeit
7	Baum	(. i e . . .)	Gesichtspartie
8	Landschaft	(H . . . e)	Ungläubiger
9	Anteil	(G . . . . t)	Entschädigung
10	Abgabe	(. . eu . .)	Rad

C Einen Satz vervollständigen

- Vervollständige den Satz, indem du den Buchstaben für das passende Wort an der richtigen Stelle einsetzt. Die Liste enthält mehr Wörter als der Satz Lücken.

A weder, *B* berühmt, *C* einzubüssen, *D* Öffentlichkeit, *E* Erinnerung, *F* allemal, *G* neues, *H* Lob, *I* wenn nicht, *J* vergesslichen, *K* unwirkliche, *L* Leistung, *M* schreiben, *N* unzulänglich

> Ein erfolgreicher Schriftsteller ist ( ) der Gefahr ausgesetzt, seinen Ruhm ( ), ob er nun aufhört zu ( ) oder nicht. Die ( ) neigt zum Vergessen, und die ( ) an das Gestern verblasst rasch, ( ) immer wieder ein ( ) Werk den ( ) Massen jene ( ) ins Gedächtnis zurückruft, die ihn einmal ( ) machte.

D Ergänze die Tabelle so, dass die Wörter im rechten Teil den Wörtern links entsprechen.

1	kindlich	**erwachsen**	greisenhaft	knospend	b_____		verwelkt
2	voll	**halbvoll**	leer	immer	m_____		nie
3	prassen	**sich satt essen**	hungern	viel	ge_____g		nichts
4	vorbeirennen	**vorbeigehen**	verweilen	kurz	l_____		ewig

W4 Wald – Bäume
Analogien bilden

- Ergänze die folgenden Sätze zu Analogien (Entsprechungen): Das fett gedruckte und das einzusetzende Wort sollen in einem ähnlichen Verhältnis zueinander stehen wie die kursiv gedruckten Wörter.

1 *Wald* verhält sich zu *Bäume* wie **Wiese** zu _____.
   Gräser / Blumen / Weide / Heu / Acker / Getreide

2 *Klein* verhält sich zu *gross* wie **kurz** zu _____.
   schmal / breit / ausgedehnt / eng / weit / lang

3 *Teuer* verhält sich zu *selten* wie **billig** zu _____.
   erschwinglich / preiswert / einfach / haltbar / gewöhnlich

4 *Sportler* verhält sich zu *Erfolg* wie **Unternehmer** zu _____.
   Luxus / Macht / Arbeitsklima / Gewinn / Beliebtheit / Ansehen

5 *Zuckerrohr* verhält sich zu *Zucker* wie **Benzin** zu _____.
   Alkohol / Schmiermittel / Verbrennungsprozess / Auto / Erdöl / Auspuffgas / Rohstoff

6 *Reiben* verhält sich zu *klopfen* wie **laufen** zu _____.
   hüpfen / tauchen / schwimmen / werfen / fallen / wandern

7 *Pflanze* verhält sich zu *Maschine* wie **Eiche** zu _____.
   Haus / Motor / Geld / Vergnügen / Möbel / Einrichtung

8 *Nerv* verhält sich zu *Übertragung* wie **Auge** zu _____.
   Blau / Blende / Licht / Strahlung / Pupille / Wahrnehmung

9 *Wasser* verhält sich zu *Mündungsdelta* wie **Wind** zu _____.
   Strand / Meer / Salz / Sturm / Dünen / Wolken

10 *Liebe* verhält sich zu *Gefühl* wie **Ehrlichkeit** zu _____.
   Zuverlässigkeit / Vertrauenswürdigkeit / Zufall / Verantwortung / Tugend / Mut

11 *Trinkwasser* verhält sich zu *Durst* wie **Zeitung** zu _____.
   Lexikon / Information / Bibliothek / Neugier / Massenmedium / Publikationsmittel

- In den folgenden Sätzen fehlen das erste und das letzte Wort. Wähle sie aus den darunter stehenden Wörtern so aus, dass die Sätze Analogien bilden.

1 _____ verhält sich zu gross wie Maus zu _____.

   Fernsehen / Elefant / Zeitung / Tasche   hässlich / klein / voll / langsam

2 _____ verhält sich zu Bestrafung wie Alkohol zu _____.

   Beute / Verbrecher / Geld / Recht   Hund / Trinker / Entziehungskur / Erkrankung

3 _____ verhält sich zu Frühling wie Nacht zu _____.

   Weihnachtsfest / Winter / Sommer / Anfang   Zeit / Sterne / Morgen / Tag

4 _____ verhält sich zu Geldschrank wie Hammer zu _____.

   Schlüssel / Schweissbrenner / Wächter / Polizei   Geld / Sparschwein / Nagel / Zerstörung

5 _____ verhalten sich zu Knie wie Hände zu _____.

   Menschen / Gelenke / Füsse / Körper   Ellenbogen / Daumen / Schultern / Seele

W5 Am meisten Ähnlichkeit ...
Sätze ergänzen

- Aufgaben wie diese hier findet man häufig im sprachlichen Teil von Eignungstests.
  Solche Aufgaben sind stets innerhalb einer bestimmten Zeitspanne zu lösen.
  Eine Viertelstunde sollte reichen, um die nachstehenden Sätze zu ergänzen. Wähle dazu
  aus den angegebenen Wörtern das passendste aus. Gibt es zwei Möglichkeiten,
  wählst du das besser in die Aussage passende Wort.

1 Am meisten Ähnlichkeit haben Kaninchen mit _____.
   Dackeln / Hasen / Katzen / Eichhörnchen / Füchsen / Igeln

2 Beim Autofahren benötigt man vor allem _____
   Ausdauer / Geschick / Kraft / Aufmerksamkeit / Erfahrung / Freundlichkeit

3 Das Zentralste am Fernsehgerät ist _____
   die Antenne / die Fernbedienung / der Kontrastregler / die Programmanzeige / die Bildröhre

4 Nicht zum Wetter gehört _____.
   der Nebel / das Gewitter / der Hagel / der Erdrutsch / der Orkan / der Sturm / der Regen

5 Als Massenverkehrsmittel ist das Flugzeug sehr _____
   gefährlich / leicht / ungeeignet / unbrauchbar / schnell / unpünktlich / veraltet / unbeliebt

6 Letztlich werden Entscheidungen _____
   diskutiert / überlegt / getroffen / geplant / durchgesetzt

7 Am wenigsten kann man während kurzer Zeit verzichten auf _____
   Fernsehen / Schlafen / Sprechen / Trinken / Bewegung / Liebe / Musik

8 Mütter sind _____ erfahrener als ihre Töchter.
   nie / immer / gewöhnlich / ausnahmslos / selten / nirgendwo

9 Hat man Geld, hat man immer _____
   Freude / grosse Sicherheit / viele Freunde / einen Tresor / Vermögen / Ärger

10 Am besten löst man eine Denksportaufgabe durch _____.
   Mut / List / Vorbereitung / Erfahrung / Fleiss / Konzentration / Nachdenken / Aufgeben

11 Man braucht zuerst _____, wenn man Lösungen sucht.
   Erklärungen / Verstand / Werkzeuge / Chefs / Aufgaben / Ehrgeiz / Ausdauer

12 _____ ist die häufigste Ursache eines Hochwassers.
   eine Katastrophe / ein Gewitter / ein Dammbruch / heftiger Regen / ein Erdrutsch

13 _____ führt meistens zu Krankheit.
   Anstrengung / Kälte / Ansteckung / Durchzug / falsche Ernährung / Durst / Traurigkeit

- Bei den Sätzen 14–20 sind keine Wörter vorgegeben. Überlege selbst, welches Wort den Satz jeweils
  am passendsten vervollständigt.

14 Hochhäuser sind vor allem aus Mangel an _____ entstanden.

15 Plakate sind eine besondere Art von _____.

16 Bestechung ist eine besondere Art von _____.

17 Iglus sind eine besondere Art von _____.

18 Texte, in denen vor allem Tiere sprechen, nennt man _____.

19 Wasser ist immer _____ als Fett.

20 Kinder sind immer _____ als Erwachsene.

12 Welt der Wörter 2

W6 Die kalte Schulter zeigen
Redewendungen mit Körperteilen I

- Es gibt viele feste Redewendungen mit ganz bestimmten Bedeutungen. Die nachstehenden Sätze enthalten Redewendungen mit Körperteilen, die du aber noch einsetzen musst. Wähle dazu den passenden Körperteil aus der Liste aus.
- Unterstreiche die Redewendung in jedem Satz.
- Erkläre die Redewendungen kurz und bündig wie im Beispiel. Hilfe findest du in einem Wörterbuch der Redewendungen und Sprichwörter, z.B. im Duden 11.

1 Gestern habe ich diese Sache ins *Auge* gefasst.
   etwas erwägen, sich etwas vornehmen

2 Sie zeigt ihm die kalte _____.

3 Das will mir nicht in den _____

4 Er hat ein _____ auf sie geworfen.

5 Das liegt mir seit langem auf dem _____

6 Auf diesem _____ hört sie ganz schlecht.

7 Schreib dir das gefälligst hinter die _____!

8 Dafür habe ich schon immer eine gute _____ gehabt.

9 Da stehen einem ja die _____ zu Berg!

10 Mir ist ein Stein vom _____ gefallen.

11 Der bietet allen die _____.

12 Er hat sie mit seinen dummen Sprüchen vor den _____ gestossen.

13 Bei diesem Geschäft hat man mich ganz schön übers _____ gehauen.

14 Du findest doch immer ein _____ in der Suppe.

15 Deswegen sollten wir uns nicht in die _____ geraten.

16 Diese Sache hat ihm ganz schön auf den _____ geschlagen.

Auge
Haar
Herz
Kopf
Magen
Nase
Ohr
Schulter
Stirne

13 Welt der Wörter 2

W7 Mit dem Kopf durch die Wand
Redewendungen mit Körperteilen II

- Es gibt viele feste Redewendungen mit ganz bestimmten Bedeutungen. Die nachstehenden Sätze enthalten Redewendungen mit Körperteilen, die du aber noch einsetzen musst. Wähle dazu den passenden Körperteil aus der Liste aus.
- Unterstreiche die Redewendung in jedem Satz.
- Erkläre die Redewendungen kurz und bündig wie im Beispiel. Hilfe findest du in einem Wörterbuch der Redewendungen und Sprichwörter, z.B. im Duden 11.

1 Der ist ja noch feucht hinter den *Ohren.*
   unreif sein

2 Kann ich das mit dir unter vier _____ besprechen?

3 Die ist auch nicht auf den _____ gefallen.

4 Er will immer mit dem _____ durch die Wand.

5 Sie hat ihm ganz schön den _____ verdreht.

6 Wir haben ihn sofort ins _____ geschlossen.

7 Man hat dich ganz schön an der _____ herumgeführt.

8 Sie hat ein _____ zugedrückt.

9 Musst du deine _____ immer in fremde Dinge stecken?

10 Das ging ins _____.

11 Er steckt wieder einmal den _____ in den Sand.

12 Sie nimmt das auf die leichte _____.

13 Dem muss man einmal den _____ zurechtsetzen.

14 Er hat ganz schön _____ gelassen.

15 Wenn ich daran denke, kommt mir die _____ hoch.

16 Sie hat ihn ganz schön um den _____ gewickelt.

Auge
Finger
Galle
Haar
Herz
Kopf
Mund
Nase
Schulter

14 Welt der Wörter 2

W8 Vom Scheitel bis zur Sohle
Redewendungen mit Körperteilen III

- Unten stehen Redewendungen rund um den menschlichen Körper, in denen der passende Körperteil noch fehlt. Setze ihn ein. Wenn du nicht mehr weiterkommst, kann dir die Liste ganz unten helfen.
- Wähle aus der Liste rechts zu jeder Redewendung den passendsten Ausdruck und schreibe ihn rechts neben die Redewendung.

1. die Gelegenheit beim _____ packen
2. kein gutes _____ an jemandem lassen
3. jemandem die _____ bieten
4. sich das _____ zermartern
5. mit keiner _____ zucken
6. jemandem schöne _____ machen
7. etwas wie seinen _____ hüten
8. sich etwas hinter die _____ schreiben
9. jemanden an der _____ herumführen
10. in aller _____ sein
11. an jemandes _____ hängen
12. jemandem auf den _____ fühlen
13. eine lose _____ haben
14. ein langes _____ machen
15. sich etwas aus dem _____ schlagen
16. zum _____ heraushängen
17. jemandem im _____ sitzen
18. jemandem die kalte _____ zeigen
19. mit geschwellter _____
20. bei jemandem alle _____ zählen können
21. sich die _____ aus dem Leibe schreien
22. das _____ auf dem rechten Fleck haben
23. ein Loch im _____ haben
24. frisch von der _____ weg sprechen
25. an die _____ gehen
26. aus der _____ fahren
27. jemandem in den _____ fallen
28. jemanden aufs _____ legen
29. jemanden auf den _____ nehmen
30. mit verschiedenen _____ messen
31. für jemanden die _____ ins Feuer legen
32. etwas auf eigene _____ unternehmen
33. jemanden auf die _____ schauen
34. über den _____ peilen
35. sich etwas unter den _____ reissen
36. sich kein _____ ausreissen
37. etwas übers _____ brechen
38. auf grossem _____ leben
39. jemandem auf den _____ sein
40. jemandem auf die _____ treten

Liste:
abweisen
(sich) aneignen
arbeitsscheu sein
aufwendig sein
beaufsichtigen
bedrängen
bekannt sein
belastend sein
bewahren
bürgen
brüllen
entgegentreten
entsagen
enttäuscht sein
grübeln
hereinlegen
heruntermachen
hochnehmen
hungrig sein
initiativ sein
kränken
mager sein
(sich gut) merken
rechtschaffen sein
respektlos sein
schätzen
stolz sein
täuschen
überdrüssig sein
überprüfen
ungehemmt sein
ungerecht sein
ungerührt sein
unsorgfältig sein
verfolgen
verführen
verraten
wütend sein
zuhören
zupacken

Nach Armin Binotto: Sprichwörter und Redensarten im Unterricht. Hitzkirch 1990

Arm ● Augapfel ● Augen ● Bauch ● Bein ● Brust ● Daumen ● Elle ● Faust ● Ferse ● Finger ● Fuss ● Gesicht ● Haar ● Hals ● Hand ● Haut ● Herz ● Hirn ● Knie ● Kopf ● Kreuz ● Leber ● Lippen ● Lunge ● Mund ● Nacken ● Nagel ● Nase ● Nieren ● Ohren ● Rippen ● Rücken ● Schopf ● Schulter ● Stirn ● Wimper ● Zahn ● Zehen ● Zunge

W9 (K)einen Schnitzer machen
Redewendungen IV

- In der linken Spalte findest du Redewendungen, rechts kurze Erklärungen dazu.
  Schreibe bei jeder Gruppe vor die Erklärungen die Nummer der dazu passenden Redewendung auf.

- Bei jeder Gruppe passt eine der Erklärungen zu keiner der Redewendungen.
  Beim Zuordnen der vorgegebenen Erklärungen solltest du merken, welches die unpassende ist.
  Streiche sie durch.

- Bei jeder Gruppe fehlen Erklärungen. Schreibe sie auf und ordne sie der entsprechenden
  Redewendung zu. Der Duden 11 kann dabei helfen.

1 einen Schnitzer machen   _____ etwas nur mühsam begreifen
2 einen Stein im Brett haben   _____ _____
3 auf den Hund kommen   _____ zum Angriff übergehen
4 ins Gras beissen   _____ sich vegetarisch ernähren
5 wie der Ochs am Berg stehen   _____ _____
6 eine lange Leitung haben   _____ einen Bock schiessen
7 den Spiess umkehren   _____ nicht weiterkommen
8 ein Brett vor dem Kopf haben   _____ vor lauter Bäumen den Wald nicht sehen

1 den Daumen drücken   _____ von der Sache abkommen
2 auf dem Holzweg sein   _____ _____
3 in der Klemme sitzen   _____ keinen Dreck am Stecken haben
4 ein Auge zudrücken   _____ jemanden quälen
5 auf den Leim kriechen   _____ auf dem falschen Weg sein
6 den Faden verlieren   _____ übertreiben, angeben, prahlen
7 eine weisse Weste haben   _____ in Verlegenheit sein
8 sich in die Brust werfen   _____ sich hereinlegen lassen

1 jemandem aus der Patsche helfen   _____ es nicht so genau nehmen
2 nicht viel Federlesen(s) machen   _____ zusammen eine Mahlzeit vorbereiten
3 Luftschlösser bauen   _____ eine Sache aufgeben
4 Schwein haben   _____ strenger vorgehen
5 fünf gerade sein lassen   _____ _____
6 etwas an den Nagel hängen   _____ unausführbare Pläne schmieden
7 andere Saiten aufziehen   _____ Glück haben
8 mit jemandem ein Hühnchen rupfen   _____ _____

1 leeres Stroh dreschen   _____ rückständig sein
2 zum alten Eisen gehören   _____ _____
3 bei jemandem in der Kreide stehen   _____ Schulden haben
4 fest im Sattel sitzen   _____ zu den Spitzenreitern gehören
5 mit dem Feuer spielen   _____ _____
6 hinter dem Mond leben   _____ _____
7 unter die Haube kommen   _____ _____
8 die Flinte ins Korn werfen   _____ _____

1 jemanden auf die Palme bringen   _____ _____
2 unter dem Pantoffel stehen   _____ sich für jemanden einsetzen
3 bei der Stange bleiben   _____ tauben Ohren predigen
4 gegen die Wand reden   _____ etwas konsequent weiterführen
5 Bäume ausreissen können   _____ _____
6 etwas in den Wind schlagen   _____ ein Segel setzen
7 für jemanden eine Lanze brechen   _____ zu Hause nichts zu sagen haben
8 jemandem einen Floh ins Ohr setzen   _____ sich stark fühlen

W10 Bei Nacht und Nebel
Zwillingsformeln I

Die Sprache ist reich an Ausdrucksformen; eine solche Form sind die «Zwillingsformeln». Sie machen Aussagen farbiger, bildlicher. In den folgenden Sätzen fehlt jeweils ein «Zwilling». Überlege, wie die Formel lautet, und schreibe sie auf. Die fehlenden Wörter sind unten alphabetisch aufgeführt.

1. Sie machten sich bei Nacht und ● aus dem Staub. *bei Nacht und Nebel*
2. Man hat ihn mit Schimpf und ● weggejagt.
3. Die Route führt querfeldein, über Stock und ●.
4. Dieses Haus hat Mängel an allen Ecken und ●.
5. Sie fühlte sich von allen verraten und ●.
6. Das muss einfach gelingen, gehauen oder ●.
7. Der Termin gilt, bis Ende Woche ist alles fix und ●.
8. Dafür setzte ich Himmel und ● in Bewegung.
9. Man hat das Projekt in Bausch und ● verworfen.
10. Der Chef spuckt wieder einmal Gift und ●.
11. Sie ist mit Haut und ● bei der Sache.
12. Niemand kennt Land und ● so gut wie er.
13. Sie sind mit Kind und ● gekommen.
14. Er ass den Apfel mit Stumpf und ● auf.
15. Du kannst tun und ●, was du willst.
16. Am Bahnhof herrscht ein ständiges Kommen und ●.
17. Pass auf, das kann dich Kopf und ● kosten!
18. Du kannst es drehen und ●, wie du willst, es geht nicht.
19. Über kurz oder ● werden es alle merken.
20. Bei seiner Fahrweise wird mir angst und ●.
21. Sie kümmerte sich von früh bis ● um die Gäste.
22. Das Schiff versank mit Mann und ●.
23. Ich habe dieses ständige Hüst und ● satt.
24. Sie hat es mir hoch und ● versprochen.
25. Seine Antwort war kurz und ●.
26. Dieser Spass kostet mich gut und ● 200 Franken.
27. Ich habe ihm das deutsch und ● gesagt.
28. Das ist alles erstunken und ●.
29. Er hat das klipp und ● bestätigt.
30. Wir müssen diesen Auftrag wohl oder ● ausführen.
31. Sie war sofort Feuer und ● für diese Sache.
32. Sie hatten bei der Katastrophe Hab und ● verloren.
33. Für diesen Anlass hat sie sich in Samt und ● gehüllt.
34. Diese Abmachung öffnet der Willkür Tür und ●.
35. Dabei ist mir Hören und ● vergangen!
36. Wir haben es nur mit Zittern und ● gewagt.
37. Diese Berechnungen sind samt und ● falsch.
38. Er hat das ganze Mobiliar kurz und ● geschlagen.
39. Wir können uns voll und ● auf sie verlassen.
40. Er hat die Arbeit recht und ● ausgeführt.

bange ● Bogen ● bündig ● deutlich ● Enden ● erlogen ● fertig ● Flamme ● Galle ● ganz ● Gehen ● gern ● gestochen ● Gut ● Haar ● heilig ● Hölle ● Hott ● Kegel ● klar ● klein ● Kragen ● lang ● lassen ● Leute ● Maus ● Nebel ● Schande ● schlecht ● Sehen ● Seide ● sonders ● spät ● Stein ● Stiel ● Tor ● übel ● verkauft ● wenden ● Zagen

W11 Drauf und dran
Zwillingsformeln II

Ergänze die Beispielsätze mit dem zweiten Teil der «Zwillingsformel». Wenn du unsicher bist, hilft die Wörterliste rechts: Dort stehen alle einzusetzenden Wörter in alphabetischer Reihenfolge.

1 Das werden wir gleich an Ort und _____ erledigen.
2 Das solltest du nicht auf diese Art und _____ anpacken.
3 Wir haben ihn auf Schritt und _____ beobachtet.
4 Unsere Abmachung beruht auf Treu und _____.
5 Er wurde zwei Jahre bei Wasser und _____ verwahrt.
6 Dann und _____ ist bei uns ein klärendes Gespräch fällig.
7 Sie war drauf und _____, die Stelle zu übernehmen.
8 Es geht bei uns wieder einmal alles drunter und _____.
9 Sie halten durch dick und _____ zusammen.
10 Dieser grässliche Schrei ging mir durch Mark und _____.
11 Er hat seine Meinung stets frank und _____ geäussert.
12 Die beiden haben immer alles geteilt, Freud und _____.
13 Hier ist das unüblich, in den USA aber gang und _____.
14 Wir haben das ganz und _____ nicht verstanden.
15 Sie haben ihr Haus Hals über _____ verlassen müssen.
16 Bei dieser Rettungsaktion ging es um Leben und _____.
17 Er hat zehn Jahre hinter Schloss und _____ verbracht.
18 Dieser Ablauf war ihm in Fleisch und _____ übergegangen.
19 Wir haben diesen Kerl in Grund und _____ verdammt.
20 In diesem Land gedeiht alles in Hülle und _____.
21 Die Mannschaften haben sich in Reih und _____ aufgestellt.
22 Sie hat das steif und _____ behauptet.
23 Mit seinem Lohn können sie in Saus und _____ leben.
24 Man hat ihm seine Stelle Knall auf _____ gekündigt.
25 Wer das behauptet, verwechselt Kraut und _____.
26 Die ganze Story ist nichts als Lug und _____.
27 Er hat die Diplomprüfung nur mit Ach und _____ bestanden.
28 Das kann man mit Fug und _____ behaupten.
29 Sie verabschiedeten sich mit Gruss und _____.
30 Wir haben das Ergebnis mit Hangen und _____ erwartet.

Bangen
Bein
Blut
Boden
Braus
Brot
dran
drüber
dünn
Fall
fest
frei
Fülle
gäbe
gar
Glauben
Glied
Kopf
Krach
Kuss
Leid
Recht
Riegel
Rüben
Stelle
Tod
Tritt
Trug
wann
Weise

Alle diese Paarformeln wurden einmal von jemandem zum ersten Mal verwendet, also gewissermassen erfunden. Findest du heraus, nach welchen Regeln man sie gebildet hat?

_____
_____
_____
_____

Formulieren/Stilistik F

Seite		Titel	Lernziel/Thema (Verweis auf Schülerbuch)
F1		Den eigenen Ideen auf der Spur	Clustering als Schreibhilfe (Ü4)
F2		Eine Schülerzeitung machen	Checkliste (Kap. 1)
F3	L	Nasa-Computer angezapft	Zeitungsbericht verfassen (Kap. 1)
F4	L	Bahnhofrestaurant in Flammen	Zeitungsbericht verfassen (Kap. 1)
F5	L	Banküberfall in Wien	Zeitungsbericht verfassen (Kap. 1)
F6	L	Versammlung Schwimmbadverein	Zeitungsbericht verfassen (Kap. 1)
F7		Man(n) fährt, Frau auch!	Eine Reportage machen (Kap. 1/3)
F8		Frauenberufe – Männerberufe?	Merkmale der Reportage (Kap. 1/3)
F9		Berufsbild	Einen Berufsvortrag gestalten (Kap. 3)
F10		Sich erinnern	Aus der Erinnerung schreiben (Kap. 4)
F11	L	Baronesse Draculesse	Eine Geschichte fortsetzen (Kap. 6/7)
F12		Kleine Vampirkunde	«Sachinformation» (Kap. 6/7)
F13	L	Stellen Sie sich meine Lage vor!	«Lagebericht» (Kap. 6/7)
F14		Wir fragen – Sie antworten	Pointen erfinden (Kap. 7)
F15		Inventur	Gedichte, von einer Form ausgehend (Kap. 7)

F1 Den eigenen Ideen auf der Spur
Clustering als Schreibhilfe (Ü4)

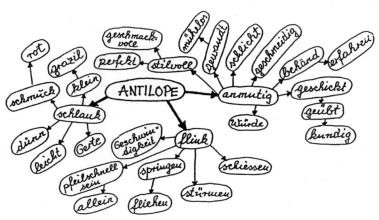

Gabriele L. Rico erteilte Schreibkurse. Dabei sah sie, wie viele ihrer Kursteilnehmer, die alle besser schreiben lernen wollten, oft sehr lange an ihrem Bleistift kauten, grosse Mühe hatten, etwas zu Papier zu bringen. Sie fragte sich: Woran liegt das? Lassen sich diese Schwierigkeiten beim Schreiben nicht verringern?
Es gelang ihr, ein Verfahren zu entwickeln, das sie Clustering nannte (Cluster heisst Schwarm, Gruppe). In ihrem Buch «Garantiert schreiben lernen» erklärte Rico dieses Verfahren ausführlich.
Und dann trat es seinen Siegeszug an: Leute aller Berufsgattungen lernten es in Kursen kennen. Journalisten wie Versicherungsangestellte, Schriftsteller wie Bänkler übten und üben sich im Clustern und möchten diese Schreibhilfe nicht mehr missen. Worum geht es?
Die Ursache von Schreibschwierigkeiten liegt oft darin, dass beim Schreiben zwei Dinge einander «dreinfunken»:
das Sammeln (von Gedanken, Einfällen, Erinnerungen, Eindrücken zu einem Thema) und
das Schreiben selbst (die Ideen in eine Abfolge, in eine Ordnung bringen).
Rico merkte, dass diese Störungen ausbleiben, wenn das Sammeln und das Schreiben nacheinander ablaufen.
Beim Clustering versucht man deshalb, zuerst seinen Gedanken auf die Spur zu kommen, und danach erst schreibt man sie in einem Text auf.

Anleitung

Mach einen Kreis mitten auf ein leeres Blatt. Schreibe in diesen Kreis das Wort (das Thema), das dich beschäftigt.
Lass dich dann einfach treiben. Folge den Gedanken, die auftauchen. Schreibe dabei die Einfälle auf, jeden in einen eigenen Kreis.
Lass diese Kreise vom Mittelpunkt aus sich ausbreiten, so, wie es sich gerade ergibt.
Wenn dir etwas Neues oder Andersartiges einfällt, verbindest du es direkt mit dem Mittelpunkt und gehst von dort nach aussen, bis diese Einfälle erschöpft sind. Dann beginnst du mit einer neuen Ideenkette wieder beim Kern, beim Mittelpunkt.
Vertraue deinen Einfällen. Wenn gerade Funkstille ist, «sinnierst» du ein bisschen, machst Pfeilchen im Cluster oder ziehst die Kreise nach. Oft kommen dann neue Einfälle, bilden sich neue Gedankenketten.
Irgendwann merkst du, dass dein Cluster fertig ist. Dann fängst du zu schreiben an, ohne dich weiter um den Cluster zu kümmern.
Was du aufschreibst, hat vielleicht nur noch wenig mit deinem Cluster zu tun.
Rico sagt: «Es gibt keine richtige und keine falsche Art, einen Cluster zu bilden. Es ist alles erlaubt. Wir alle bilden unser Leben lang im Geist Cluster, ohne es zu wissen, wir haben sie bisher nur noch nie auf dem Papier sichtbar gemacht ...»

Der abgebildete Cluster stammt aus: Gabriele L. Rico: Garantiert schreiben lernen. Hamburg, 1984

F2 Eine Schülerzeitung machen
Checkliste (Kap.1)

Bevor ihr euch an die Produktion einer Schülerzeitung macht, solltet ihr als Herausgeber die folgenden Punkte besprechen und regeln:

1 **Ziele**

   a Wer soll unsere Zeitung lesen?
   Klasse, Schule, Eltern, Quartier?

   b Produzieren wir eine oder mehrere Nummern?
   Wie gross ist die Auflage unserer Zeitung?

   c Wie lautet das Programm unserer Zeitung?
   Welche Ziele verfolgen wir? Welche Themen behandeln wir?
   An welche Regeln wollen wir uns beim Zeitungmachen halten?

   d Wie gliedern wir die Zeitung?
   Machen wir feste Rubriken, z.B. Neuigkeiten, Unterhaltung usw.?
   Wollen wir Redaktoren bestimmen, die für diese Rubriken zuständig sind?

   e Welche Themen wollen wir in unserer Zeitung behandeln?

   f Soll die Zeitung Inserate, Werbung enthalten?
   Wie viele Inserate sehen wir vor? Wer könnte Inserent sein?
   Wer holt die Inserate ein?
   Sind die Inserate kostenlos oder allenfalls eine Einnahmequelle?

2 **Umfang und Aufmachung**

   a Welches Format wählen wir?
   Wie viele Seiten soll die Zeitung etwa umfassen?
   Wie gestalten wir die einzelnen Seiten (Layout)? Wollen wir eine
   feste Seiteneinteilung, z.B. in Spalten (ein-, zwei-, dreispaltig)?

   b Wie viel Platz beanspruchen die vorgesehenen Artikel etwa? Artikel
   im vorgesehenen Format aufschreiben und Platzbedarf ausmessen.
   Textredaktion: Man kann Texte kürzen oder «aufblasen» (Text erweitern,
   längeren bzw. grösseren Titel wählen, ausführlichere Einleitung).

   c Welche Illustrationen wählen wir aus?
   Wie viel Platz beanspruchen sie, dürfen sie beanspruchen?

   d Wo platzieren wir allfällige Inserate?

3 **Termine, Herstellung und Vertrieb**

   a Welches Vervielfältigungsverfahren kommt in Frage: Fotokopieren, Offset?
   Wer übernimmt die Vervielfältigung?

   b Wer bekommt ein Belegexemplar (Interviewte, Inserenten)?

   c Wie vertreiben wir unsere Zeitung?

   d Wann soll sie erscheinen?

4 **Kosten**

   a Wie viel kostet die vorgesehene Auflage etwa? Wie viel die einzelne Zeitung?
   Haben wir alle Kosten berücksichtigt: Druckkosten, Entwicklungskosten
   für Fotos, Material für Interviews?

   b Wie können wir die Kosten decken? Welche Einnahmequellen, Kostenträger
   gibt es: Schulbudget, Inserenten, Sponsoren?

   c Soll die Zeitung einen Gewinn abwerfen? Wozu verwenden wir ihn
   (Spende, Ausflug, Klassenlager, Fest)?

F3 Nasa-Computer angezapft
Zeitungsbericht verfassen (Kap. 1)

Am 17. Juli geht am Morgen eine Meldung der Associated Press (AP) und am Abend eine der Schweizerischen Depeschenagentur (SDA) ein:

---

17. Juli, 7.50 – USA/Computereinbruch
Nasa-Rechner vermutlich von Jugendlichen angezapft

Huntsville/Alabama (AP) Computer im Marshall-Raumfahrtszentrum der US-Raumfahrtsbehörde Nasa sind, offenbar von Jugendlichen, angezapft worden.
5 Das teilte das FBI am Montag mit, nachdem vier Wohnungen durchsucht wurden, die von den Computerknackern benutzt worden sein sollen. Es seien gewisse Daten vernichtet worden, sagte
10 ein FBI-Beamter, ohne näher darauf einzugehen. Ausserdem sei wertvolle Rechnerzeit «gestohlen» worden, da die Wissenschaftler im Nasa-Zentrum nicht an den Geräten arbeiten konnten,
15 solange sie von aussen angezapft waren.

Die Wissenschaftler entdeckten den Computereinbruch am 28. Juni und benachrichtigten die Bundeskriminal-
20 polizei. Diese ging den Telefonanschlüssen nach, von denen aus die Rechner angezapft wurden, und stiess auf vier Haushalte, in denen Jugendliche leben. Zahl und Identität
25 der Verdächtigen wurden nicht bekanntgegeben. Auf Diebstahl oder Zerstörung von Staatseigentum steht die Höchststrafe von 10 000 Dollar und bis zu zehn Jahre Gefängnis.

---

17. Juli, 16.44 – FBI beschlagnahmt Heimcomputer von «Hackern»

New York, 17. Juli (SDA) Die amerikanische Bundeskriminalpolizei FBI hat in Huntsville (Bundesstaat Alabama) die Heimcomputer von vier Jugendlichen
5 im Alter von 13 bis 16 Jahren beschlagnahmt, die damit in das elektronische Datensystem der Weltraumbehörde Nasa «eingebrochen» waren und dort spöttische Mitteilungen hinterlassen
10 hatten. Nach Angaben der Behörden haben sich die Computerfans mit Hilfe von Telefonnummern, Codes, Kontennummern und geheimen Kennwörtern Zugang zu Rechnern von Forschungs-
15 zentren der Nasa verschafft. Einige Speicherdaten seien dabei vernichtet worden. Es handle sich aber nicht um geheime Unterlagen. Der Weltraumbehörde waren Ende Juni auf den Bildschirmen Botschaften erschienen
20 wie: «Ihr könnt mich nicht fangen», «Hört auf, ehe ich böse werde» und «Ihr wisst jetzt, dass ihr es mit einem der besten Hacker im Gebiet von Huntsville zu tun habt.»

- Verfasse nach diesen Agenturmeldungen einen Zeitungsbericht für eine grosse Tageszeitung. Diese Zeitungsmeldung soll einen Umfang von etwa 100–120 Wörtern haben. Beachte die «Merkmale eines guten Zeitungsberichts» (→ 1.11).

- Schreibe einen Kurzbericht für ein Blatt der Sensationspresse mit einem Umfang von etwa 60 Wörtern.

F4 Bahnhofrestaurant in Flammen
Zeitungsbericht verfassen (Kap. 1)

> Lies die nachstehenden Agenturmeldungen sorgfältig durch und verfasse dann einen Zeitungsbericht über diese Brandfälle für eine grosse Tageszeitung (Umfang: 120 bis 150 Wörter). Beachte die Merkmale eines guten Zeitungsberichts (→ 1.11).

17. Juli, 14.15 – Schweiz/Brände – 1

Zwei Brände von Bahnhofbuffets im Berner Jura. Schaden von gegen einer Million Franken – Leck in Tankwagen auf Bahnhof von Courtelary.

Courtelary/Mont-Soleil (AP) Die Bahnhofbuffets von Courtelary und Mont-Soleil im Berner Jura sind in der Nacht auf Dienstag in Flammen aufgegangen. Nach Angaben der Berner Kantons-
5 polizei wurde dabei niemand verletzt, doch entstand ein Sachschaden von zusammen gegen einer Million Franken. Die Feuerwehr schliesst Brandstiftung nicht aus. Am frühen Dienstagmorgen verlor zudem ein Zisternenwagen im Bahnhof von
10 Courtelary eine unbekannte Menge von Superbenzin. Rund 200 Liter des ausgeflossenen Treibstoffs wurden aufgefangen.
Montagabend um 22.15 Uhr wurde bei der Ortsfeuerwehr Alarm wegen des Brands im Buffet
15 von Courtelary ausgelöst. Nach Angaben von Komandant Henri Vioget kämpften die Feuerwehrleute bis um 3.00 Uhr mit den Flammen. Das seit Freitag ferienhalber geschlossene Restaurant wurde vollständig zerstört. Das Übergreifen
20 des Feuers auf ein benachbartes Wohnhaus wurde verhindert.
Eine Viertelstunde später stand das Dach des Buffets auf dem Mont-Soleil in Brand. Der erste Stock des Restaurants bei der Bergstation der
25 Drahtseilbahn brannte trotz dem Eingreifen der Feuerwehren von St. Imier (BE) und La Chaux-de-Fonds (NE) sowie der Ortsfeuerwehrleute vollständig aus; die Parterre-Räume wurden durch das Löschwasser stark beschädigt. Nach Angaben
30 eines Augenzeugen hatte die Wirtefamilie am Abend zusammen mit Freunden einen Geburtstag gefeiert und dabei Feuerwerk abgebrannt. Nachdem sie in das Haus zurückgekehrt waren, bemerkten sie den Dachstockbrand. Die Kantons-
35 polizei hat eine Untersuchung über die Ursachen der beiden Feuer eröffnet. – (mehr) – ap/pn/gs/b[1]

[1] pn: freier oder angestellter Informant der Agentur
gs/b: Mitarbeiter der Zentralredaktion der Agentur

17. Juli, 14.15 – Schweiz/Brände – 2

Zwei Brände von Bahnhofbuffets im Berner Jura. Benzin mit Kinderschwimmbecken aufgefangen.

Am Dienstagmorgen um 05.25 Uhr bemerkte ein SBB-Angestellter im Bahnhof Courtelary, dass Benzin aus einem Tankwagen ausfloss. Das Loch von einem Zentimeter Durchmesser wurde vom
5 Reparaturservice der Bundesbahnen geflickt. Rund 200 Liter Treibstoff wurden mit einem Kinderschwimmbecken aufgefangen. Der Wagen war unterwegs von Saint-Tryphon (GE) nach La Chaux-de-Fonds. Die Ortsfeuerwehrleute, die sich wegen
10 des Buffetbrandes bereits beim Bahnhof befanden, pumpten das Benzin in einen anderen Wagen um. – (Ende) – ap/pn/gs/b

17. Juli, 15.27 – Zwei Brände im Berner Jura

Courtelary, 17. Juli (sda) Zwei Gasthöfe im Berner Jura sind in der Nacht auf Dienstag ein Raub der Flammen geworden. Nach Angaben der Polizei in Courtelary entstand ein Sachschaden von
5 über einer Million Franken. Der Besitzer des Hotel-Restaurants «Le Manoir» in Mont-Soleil ob St-Imier bemerkte den Brand seines Hauses kurz vor 23 Uhr. Das vor kurzem renovierte Gebäude wurde fast völlig zerstört. Auch das Bahnhofbuffet
10 von Courtelary wurde durch das Feuer vernichtet. Beide Betriebe waren zum Zeitpunkt des Brandes geschlossen. Die Feuerwehren kämpften an den beiden Brandorten stundenlang. Die Untersuchung nach den Brandursachen ist im Gang. (ht-br)

F5 Banküberfall in Wien
Zeitungsbericht verfassen (Kap. 1)

- Verfasse aufgrund dieser Agenturmeldungen einen Zeitungsbericht für eine schweizerische Tageszeitung (Umfang: 60–80 Wörter). Beachte die Merkmale eines guten Zeitungsberichts (→ 1.11).

16. Juli, 16.30 Geiselnahme nach Banküberfall in Wien

Wien (AP) Ein unbekannter Bankräuber hat am Montag nach einem Überfall auf eine Wiener Bank nach Angaben der Polizei Geiseln genommen. Wie ein Polizeisprecher mitteilte, befinden sich nach ersten Informationen drei Menschen in der Gewalt des bewaffneten Mannes. Er soll sie bei seiner Flucht mitgenommen haben. In der überfallenen Bankfiliale war über die Höhe der Beute und die Geiselnahme nichts bekannt. Lediglich der Überfall konnte bestätigt werden. (Ende)

16. Juli, 17.09 Bankräuber verschanzte sich mit zwei Geiseln – erste Abendmeldung

Wien (AP) Ein unbekannter Bankräuber hat sich am Montag nach einem Überfall auf eine Wiener Bank nach Angaben der Polizei mit zwei Geiseln in einem Bürohaus verschanzt. Wie ein Polizeisprecher mitteilte, war der Mann von der alarmierten Polizei in die Enge getrieben worden. Er flüchtete daraufhin in ein der überfallenen Bank nahe gelegenes Gebäude. Dort drang er in ein Büro im dritten Stock ein und hielt drei Angestellte mit seiner Waffe in Schach. Eine der drei Geiseln konnte jedoch unter zunächst unbekannten Umständen flüchten. Das Haus wurde von starken Polizeikräften hermetisch abgeriegelt. Nach ersten Informationen war der mit einer Schrotflinte bewaffnete Mann um etwa 14.15 Uhr in die Bank eingedrungen. Er hatte etwa 36 000 Euro erbeutet. Als die Polizei eintraf, flüchtete er und verschanzte sich in einem Gebäude in der Wiener Thaliastrasse. Forderungen des Geiselnehmers lagen zunächst nicht vor. (Ende)

16. Juli, 18.41 Geiselnahme friedlich beendet – zweite Abendmeldung

Wien (AP) Mit der Freigabe aller Geiseln endete am Montag eine Geiselnahme nach einem Banküberfall in Wien. Der bewaffnete Bankräuber verhandle noch mit der Polizei über seine Aufgabe, teilte ein Polizeisprecher mit. Bereits zuvor hatte er eine männliche Geisel ebenfalls freigegeben. Zwei in einem Nebenzimmer arbeitende Frauen hatte der Bankräuber übersehen. Der mit einem Gewehr bewaffnete Mann hatte kurz nach 14.00 Uhr eine Bank überfallen und dabei nach letzten Berichten der Polizei etwa 60 000 Euro erbeutet. Der Bankräuber war von der alarmierten Polizei in die Enge getrieben worden und in ein Gebäude nahe der überfallenen Bankfiliale geflüchtet. Dort drang er in ein Büro im dritten Stock ein und hielt zunächst vier Angestellte mit seiner Waffe in Schach. Die einzige männliche Geisel liess er zur Kontaktaufnahme mit der Polizei frei. Zwei in einem Nebenzimmer arbeitende Frauen hatte er übersehen. Sie konnten entkommen. Nach ersten Kontakten mit der Polizei liess er auch die drei Frauen frei und verhandelte mit den Polizisten weiter. Es werde damit gerechnet, dass er aufgebe. Das Haus war von starken Polizeikräften hermetisch abgeriegelt. (Ende)

16. Juli, 20.02 Geiselnehmer gab auf – dritte Abendmeldung

Wien (AP) Ohne Blutvergiessen ist am Montagabend ein Banküberfall mit Geiselnahme in Wien zu Ende gegangen. Der bewaffnete Bankräuber gab nach Angaben der Polizei nach den Verhandlungen mit den Sicherheitsbeamten auf. Seine drei letzten Geiseln und eine weitere Person in seiner Gewalt hatte er zuvor freigelassen. Zwei in einem Nebenzimmer arbeitende Frauen hatte der Bankräuber übersehen. Der mit einem Gewehr bewaffnete Mann hatte kurz nach 14.00 Uhr eine Bank überfallen und dabei nach letzten Meldungen der Polizei etwa 60 000 Euro erbeutet. Der Bankräuber war von der alarmierten Polizei in die Enge getrieben worden und in ein Gebäude in der Nähe geflüchtet. Dort drang er in ein Büro im oberen Stock ein und hielt zunächst vier Angestellte mit seiner Waffe in Schach. Die einzige männliche Geisel liess er zur Kontaktaufnahme mit der Polizei frei. Zwei in einem Nebenzimmer arbeitende Frauen hatte er übersehen. Sie konnten entkommen. Nach ersten Kontakten mit der Polizei liess er auch die drei Frauen frei und verhandelte ohne Geiseln mit den Polizisten weiter. Später gab er angesichts seiner aussichtslosen Lage auf. Zuvor hatte er gedroht, sich selbst zu erschiessen. Das Haus war von starken Polizeikräften hermetisch abgeriegelt worden. (Ende)

F6 Versammlung Schwimmbadverein
Zeitungsbericht verfassen (Kap. 1)

Nicht alle auf der Redaktion eintreffenden Artikel, die sich vom Thema her für die Veröffentlichung eignen, können durch Redigieren zur Druckreife gebracht werden. Oft sind die Beiträge (gerade etwa jene von nebenamtlichen Zeitungsmitarbeitern) entweder zu ausführlich oder zu unvollständig und unpräzis, zu holperig formuliert, falsch aufgebaut, kurzum unredigierbar. Der Redaktor verzichtet dann auf «kosmetische» Verbesserungen und schreibt gleich den ganzen Text um. Ein Beispiel:

Hauptversammlung des Schwimmbadvereins Seewil

Die 50. Hauptversammlung des Schwimmbadvereins Seewil fand unter der Rekordbeteiligung von 117 Mitgliedern (was selbst an Gemeindeversammlungen manchmal nicht erreicht wird) am Mittwochabend im Gasthof Bären statt.

5 Der Präsident Robert Karlen begrüsste die Anwesenden und gab seiner Freude über die grosse Beteiligung Ausdruck. Anschliessend verlas die Sekretärin, Lotti Zürcher, das Protokoll, das unter bestem Dank an die Verfasserin genehmigt wurde.

Die Jahresrechnung für das vergangene Vereinsjahr wurde stillschweigend
10 genehmigt. Das gute Sommerwetter schlug sich in erfreulichen Zahlen nieder: Die Eintritte stiegen um 7 563 auf 48 424 (Vorjahr: 40 861), was die Einnahmen auf die Rekordhöhe von 142 128.25 Franken hinaufschnellen liess. Da gleichzeitig durch einen gezielteren Personaleinsatz Kosten eingespart werden konnten, erzeigte sich am Schluss ein Reingewinn von
15 18 975.50 Franken. Das Vereinsvermögen beträgt nun 27 473 Franken.

Einstimmig und oppositionslos genehmigt wurden die Bauabrechnungen für den im letzten Sommer erstellten Kiosk und den Einbau der neuen Filteranlage. In beiden Fällen wurde der bewilligte Kredit leicht überschritten, was auf die Teuerung zurückzuführen ist.

20 Für seine Verdienste um den Schwimmverein wurde der Gemeindeammann Fritz Josi zum Ehrenmitglied gekrönt, was der mit der Spende eines Aperitifs verdankte.

Der wichtigste Entscheid wurde am Schluss der Versammlung gefällt. In offener Abstimmung beschlossen die Anwesenden mit 77 gegen
25 38 Stimmen, bei drei Architekten Projektstudien für ein Hallenbad zu bestellen. Von diesem Projekt träumt man in Seewil schon lange. Der Grundstock wurde mit einem Schwimmfest gelegt, das einen Reingewinn von fast 100 000 Franken brachte. Das weitere Geld soll mit der Ausgabe von Genossenschafterscheinen beschafft werden. Dem Ver-
30 nehmen nach hat der Gemeinderat von Seewil ausserdem bereits einen beträchtlichen Gemeindebeitrag ins Auge gefasst.

Um 21.45 wurde die flott verlaufene Versammlung geschlossen.

Dieser Bericht ist langweilig und sprachlich schwerfällig, ausserdem unpräzis und schlecht aufgebaut. Beim Umschreiben geht es also darum, die wesentlichen Informationen aus der Rohfassung ihrer Bedeutung nach zu ordnen und in eine sprachlich attraktivere Form zu bringen.

Aus: Die Presse

F7 Man(n) fährt – Frau auch
Eine Reportage machen (Kap. 1/3)

Man(n) fährt, Frau auch!
Reportage über eine Frau als Lastwagenfahrerin

Im Wohnzimmer steht alles schon bereit für das Interview, doch wo bleibt *sie?* Unsere Lastwagenfahrerin lässt uns nun schon 15 Minuten warten. Wir haben die Hoffnung beinahe aufgegeben, als uns plötzlich ein Klingeln aufschrecken lässt. Vor uns steht eine kleine, zierliche Blondine mit einem
5 Sitzkissen, das von ihrem Sohn getragen wird.

Wie Karin uns später erzählt, wird ihr das Lastwagenfahren wegen ihrer Erscheinung oftmals nicht zugetraut. Doch ihre Familie hatte von Anfang an keine Bedenken, da dieser Beruf in der Familie liegt.

«Obwohl ich nach der Schule Coiffeuse gelernt hatte, faszinierte mich schon
10 als 4-Jährige das Grosse und Mächtige», berichtet sie uns begeistert. Man merkt Karin an, wie wichtig dieser Beruf für sie ist. «Ich würde es echt vermissen», bestätigt sie uns, «auch wenn es eine Drecksarbeit und eigentlich kein Beruf für Frauen ist. Man muss nur zu seiner Arbeit stehen!» Mit einem freudigen Schrei unterbricht der kleine Patrick seine Mutter, und schon
15 läuft er dem Kaninchen, das aus dem Zimmer entwischt ist, hinterher. «Er ist ein kleiner Racker», sagt uns Karin. Wie sie ist auch Patrick ein Lastwagen-Fan. Allerdings kam die gelernte Coiffeuse auf Umwegen zu diesem Beruf: «Ich machte die Lastwagenprüfung eher aus einer Laune heraus.» Anfangs fuhr sie nur so nebenbei. Nach einiger Zeit bemerkte Karin, dass sie doch lieber im
20 Lastwagen sass als anderen Leuten am Kopf herumzuschnipseln.

Mit einem erneuten Machtwort versucht die junge Mutter den «Hasenfänger» zu besänftigen, jedoch ohne Erfolg.

«Morgens um 6.30 Uhr muss ich jeweils als Erstes die Stempeluhr betätigen», berichtet uns die Lastwagenfahrerin, als wir sie nach ihrem Tagesablauf
25 befragen. «Wenn ich Kies oder Beton transportiere, fahre ich höchstens 20 Minuten. Habe ich jedoch Stückgut geladen, so komme ich in der ganzen Schweiz herum und muss deshalb nach fünfeinhalb Stunden Fahrzeit eine Stunde Pause machen.»

Die Wanduhr schlägt, und wir merken, wie schnell die Zeit vergangen ist.
30 Doch Karin scheint nichts davon bemerkt zu haben und erzählt munter weiter: «Es gibt Firmen, die wollen eine Frau und keinen Mann, der ihre Ware transportiert, vielleicht, weil Frauen weniger rau fahren.» Es gebe zwar schon recht viele Chauffeusen in der KIBAG, in ihrer Firma jedoch sei sie die einzige Frau unter 80 Männern. «Auch mein Freund steht voll hinter mir», teilt uns
35 Karin lächelnd mit, «obwohl er zu Recht nicht ganz an meine Motorenkenntnisse glaubt.»

Da Patrick langsam ungeduldig wird und an seiner Mutter herumklettert, neigt sich unser Interview langsam dem Ende zu. Karin sagt uns noch die letzten treffenden Sätze zu ihrem Beruf, bevor wir uns verabschieden: «Als Lastwagen-
40 fahrer/-in steht man immer mit einem Bein im Gefängnis. Wenn ein Unfall passiert, bist immer *du* die Blöde.»

Tanja Gehrig, Catherine Hunziker, 2. Sek.

F8 Frauenberufe – Männerberufe?
Merkmale der Reportage (Kap. 1/3)

Aufgabe: Eine Reportage gestalten zum Thema «Frauen in Männerberufen – Männer in Frauenberufen». Die Reportagen werden zusammmengeheftet; es sind interessante Zeitdokumente. Ein Beispiel ist die Reportage von Catherine und Tanja.

> **Reportage:** ein aus der unmittelbaren Situation gegebener, die Atmosphäre einbeziehender Augenzeugenbericht
>
> **Reporter:** Berichterstatter
>
> *(Aus einem Wörterbuch)*

Allgemeines zur Reportage

Die Reportage soll interessante Tatsachen erzählen (beschreiben). Der Reporter kann aber auch seine persönliche Meinung einbringen.

Titel: gross, noch nicht alles verratend, Interesse weckend (evtl. auch provozierend)

Untertitel: Er vermittelt eine sachliche Information über den Inhalt der Reportage.

Als Anfang eignen sich die Beschreibung der Atmosphäre, die ersten persönlichen Eindrücke ...

Zur Reportage «Frauenberufe – Männerberufe?»

Im Mittelpunkt steht die Tatsache, dass eine Frau in eine «Männerwelt»/ein Mann in eine «Frauenwelt» eingedrungen ist. Das Berufsbild kann aufgezeigt werden, soll aber nicht die Hauptsache sein.

Ausgangspunkt ist ein Interview. Es wird in Textform umgeschrieben. Dabei werden die indirekten Reden abwechslungsreich eingeleitet (≠ sie sagt, sie sagt ...).

Interessante Aussagen können als Zitate geschrieben werden (als direkte Rede).

An die Leser und Leserinnen denken (Klasse, Freunde, Familie) – für sie/uns gilt:

Spannendes, Ergreifendes, Erstaunliches findet Interesse.

Auch Nebensächlichkeiten am Rand sind oft interessant und bemerkenswert.

Einige Angaben zur interviewten Person (Äusseres, Erscheinung, Wesen, Eigenheiten).

Eine Beschreibung des Orts, wo das Interview stattfindet.

E. Hürzeler

F9 Berufsbild
Berufsvortrag gestalten (Kap. 3)

Berufsvorträge vermitteln den Zuhörern einen guten Einblick in die Berufswelt. Für den Vortragenden wird die Arbeit an seinem Vortrag über einen bestimmten Beruf zur intensiven Auseinandersetzung mit diesem Beruf, den er so kennen und darstellen lernt.

Zum Aufbau des Vortrags

Du findest im Schülerbuch auf Ü4 und in den Arbeitsmaterialien auf F1 Angaben dazu, wie man sich mit einem Thema vertraut machen kann. Die nachstehenden Angaben zeigen, wie man einen Berufsvortrag aufbauen kann.

1 Neigungen und Eignung
Zuerst sagst du, welche Neigungen und welche Eignung für diesen Beruf wichtig sind: Interesse, Talent, geistige/schulische und körperliche/gesundheitliche Voraussetzungen.

2 Hauptteil: Berufsarbeit beschreiben
Im Hauptteil des Vortrags informierst du anregend, anschaulich und genau über die Ausbildung und über die eigentliche Berufsarbeit, den Berufsalltag. Neben der Sprache sind dabei auch Anschauungsmittel wichtig, z.B. Bilder, Modelle, Geräte, Wandtafeldarstellungen, Folien, Dias, Video, Interview (Tonband/Video) mit einer Person, welche diesen Beruf ausübt (Angaben zur Interviewtechnik → 3.15).

Berufsausbildung
Du erklärst die Arbeit und die Ausbildung (die Ausbildungsphasen) während der Lehre, im Betrieb und in der Berufsschule (Dauer/Schulfächer). Du gibst auch die Dauer der Ausbildung (und allfällige Ausbildungskosten) bekannt.

Berufsalltag
Dein Vortrag sollte ein klares, anschauliches und ausführliches Bild der täglichen Berufsarbeit vermitteln. Wichtig ist, dass du dir einen direkten Kontakt verschaffst zu einer Person, welche diesen Beruf ausübt (z.B. Beruf eines Verwandten oder Bekannten). Dein Vortrag sollte über die Sonnen- und Schattenseiten des Berufs informieren.

3 Aufstiegsmöglichkeiten
Du berichtest auch über die Aufstiegsmöglichkeiten in diesem Beruf – durch Tüchtigkeit bzw. durch Weiterbildung in Schulen und Kursen – und erklärst, welches die wichtigsten «normalen» Etappen einer Berufslaufbahn sein können.

4 Umschulungs-/Ausweichmöglichkeiten
Du informierst darüber, welche anderen Tätigkeiten man mit dieser Berufsausbildung ausüben kann, wenn die Stellen knapp sind oder wenn man die Berufsarbeit wegen eines Unfalls oder einer Berufskrankheit aufgeben muss.

5 Verdienst
Verdienst während der Ausbildung, Anfangslohn nach Ausbildung, mittlerer Lohn

Informationen zum Beruf
Informationsmaterial zum Beruf ist im Berufswahlzentrum erhältlich. Hilfreich sind Berufswahlbücher und Berufskataloge.

F10 Sich erinnern
Aus der Erinnerung schreiben (Kap. 4)

Zelte bauen aus Tüchern, Decken, Stoffresten, alten Säcken. Mit Bohnenstangen errichteten wir das Gerüst, wanden Garbenseile um die Verbindungsstellen; Wolldecken hatten wir immer zu wenig. Hineinzukriechen
5 dann in die wohlig-schwüle Geborgenheit: ein stets wiederkehrendes Triumphgefühl. Ich sass auf dem nackten Boden, die herunterhängenden Tücher streiften mein Haar; Staub- und Mottenkugelgeruch; durch Risse, verschlissene Stellen drang Licht, malte Kringel
10 und Bänder auf meine blosse Haut. Zeit des Träumens; sogar die Geräusche schienen von anderen Ufern zu kommen: Hühnergegacker, Schritte, das Rauschen des Brunnens. Erst die Stimme der Mutter scheuchte mich hinaus (der Bruder war längst schon zu ihr gelau-
15 fen); noch das milde Abendlicht schien mir zu grell. Bevor wir heimgingen, musste ich das Zelt abbrechen. Ich tats ungern: beim Zusammenlegen waren die Tücher noch warm, und ich sog begierig ihren Geruch in mich ein.

Lukas Hartmann

› Versuche dich zu erinnern, an ein Erlebnis, an eine Situation, an eine Zeit. Warte mit dem Schreiben, bis ein Bild sich einigermassen deutlich zeigt. Schreibe die Erinnerung dann möglichst genau auf.

F11 Baronesse Draculesse
Eine Geschichte fortsetzen (Kap. 6/7)

Baronesse Draculesse

Die Turmuhr schlug neun, zehn, elf. Baronesse Draculesse rekelte sich in ihrem Sarg. Schlag zwölf sprang sie auf. Sie wollte spazieren gehen. Sie wusch sich nicht, sie duschte nicht, sie kämmte sich nicht, sie maniküre ihre Nägel nicht, sie legte keine frischen Farben auf. Sie zog sich nicht einmal um. Das war allerdings auch nicht nötig, da sie ohnehin im Abendkleid schlief. Baronesse Draculesse hatte es eilig. Vor Sonnenaufgang musste sie wieder in ihrem Sarg liegen. Und jetzt war Sommer, diese eklige Jahreszeit mit den kurzen Nächten. Leichtfüßig huschte sie aus ihrer Gruft ... und rutschte auf einer Bananenschale aus. Sie schlitterte in das frisch ausgehobene Grab Nr. 131313. Dort lag bereits der betrunkene Totengräber. ...

E. Ekker

F12 Kleine Vampirkunde
«Sachinformation» (Kap. 6/7)

1 Gibt es blutsaugende Vampire?
Ja. Eine südamerikanische Fledermausart saugt gelegentlich ein bisschen Blut aus Pferden oder Rindern. Der Biss dieses Vampirs ist nur wegen der Tollwutübertragung gefährlich. Möglich, dass sich eine solche Fledermaus auch einmal einem schlafenden Menschen nähert und ihn anzuzapfen versucht. Deshalb wohl haben die blutsaugenden menschlichen Fabelwesen den Namen Vampyr oder Vampir bekommen, und Graf Dracula schwebt ab und zu auch als Fledermaus durchs halboffene Fenster mit dem wehenden Vorhang ...

2 Ist Graf Dracula eine Erfindung?
Nein und ja. Im 15. Jahrhundert regierte ein balkanischer Fürst namens Vlad alle Länder der rumänischen Walachei. Der grausame Tyrann liess seine Feinde allesamt auf Pfähle spiessen, was ihm den Beinamen Tepes (Pfähler) und Drakul (Teufel) einbrachte. Nach seinem Tod wucherten die blutigsten Geschichten über das Wüten des Drakul oder Dracula. Zu grösstem literarischem Ruhm kam Dracula erst im 19. Jahrhundert, als ihn der Gruselspezialist Bram Stoker aus Irland entdeckte und einen unheimlich spannenden Roman namens «Dracula» schrieb. Sein bleicher, blutsüchtiger Graf von Transsylvanien hat allerdings nur gerade noch den Namen mit jenem grässlichen Pfähler aus dem 15. Jahrhundert gemeinsam. Übrigens war Bram Stoker nie in Rumänien, der Heimat Draculas.

3 Ernähren sich Vampire nur von Blut?
Ja, unbedingt. Der Vampir ist sozusagen ein lebendiger Toter. Nachts quietschfidel, tagsüber steif und starr im Sarg. Blut – und sonst gar nichts – braucht ein Vampir dringend, um ein solches Leben durchzuhalten. Deshalb hetzt er nach Mitternacht auch gleich mit geschliffenen Eckzähnchen los, immer auf der Suche nach einem möglichst schwanenweissen, jungen Hals.
Blut ist ein Lebenssymbol. In alten Kulturen spielte der Lebenssaft bei Ritualen eine wichtige Rolle. Die Azteken zum Beispiel versprühten Blut getöteter Mädchen über die Äcker, um diese fruchtbar zu machen (das ist leider wahr).

4 Können nur Grafen Vampire sein?
O nein. Jede Person, die von ihm gebissen wird (typisch sind zwei kleine Einstiche), verwandelt sich auch in einen Vampir. Alter und Geschlecht spielen dabei keine Rolle. Da halb zerfallene Schlösser in Rumänien der geeignete Aufenthaltsort für Vampire sind, kommen sie dort eben besonders viel vor. Immerhin hat Graf Dracula auch schon einmal eine Reise nach England unternommen (im Sarg selbstverständlich). Und es fand dann in London auch eine entsprechende Vampirvermehrung statt.

5 Das ist doch nur Fantasie?
Ja, klar! Es ist wirklich fantastisch, wie viele Erzählungen, Romane, Dokumente und Filme es über diese Wesen der untoten Art gibt. Die ersten Vampirfilme entstanden in Hollywoods Stummfilmzeit schon um 1913. Zwischen 1922 («Nosferatu» mit Max Schreck[!] in der Hauptrolle) und 1967 («Tanz der Vampire» von Roman Polanski) geisterten unzählige Vampire durch mindestens vierzig Filme. Der Glaube an Vampire ist ein alter Aberglaube. Er stammt aus jener Zeit, als viele Menschen an Seuchen starben und oft vorschnell begraben wurden. Da konnte es vorkommen, dass man nur scheinbar Tote beerdigte. Lüpfte man später den Sargdeckel, hatte die Leiche ihre ursprüngliche Lage verändert, das Hemd war zerrissen, vielleicht hatte sich die bedauernswerte Person beim Todeskampf auch noch verletzt, so dass Blut zu sehen war. Viele waren dann überzeugt, einen Vampir vor sich zu haben. Allein im Jahr 1731 wurden in Wien 40 Gräber ausgehoben, weil man Vampire in ihnen vermutete.

6 Leben Vampire ewig?
Nein. Das ist bis jetzt noch keinem gelungen. Entweder fehlte die nötige Blutzufuhr, oder die Rückkehr in die Gruft erfolgte erst bei Sonnenaufgang – oder aber ein beherzter Mensch trieb dem Ruhelosen einen Pflock mitten durchs Herz: Das alles bringt dem Vampir nämlich die ewige Ruhe und Erlösung. Er zerfällt zu Asche, nicht ohne vorher noch einmal grausig aufzustöhnen.

7 Sind Vampire zu erkennen?
Ja. Es gibt ganz typische Merkmale. Vampire halten sich beim Gähnen, Lachen und Husten sofort die Hand vor den Mund, damit man ihre verräterisch langen Eckzähne nicht sieht. Vampire hassen Knoblauch und Kruzifixe. Schreckt jemand vor dem Knoblauchzopf in eurer Küche zurück, so sei auf der Hut. Um ganz sicher zu gehen, stellst du dich mit der verdächtigen Person vor einen grossen Spiegel. Ist es ein Vampir, bist nur du im Spiegel zu sehen. Ist kein Mensch zu sehen ... Den Rest kannst du dir in deiner Fantasie schön blutrot ausmalen.

Weisst du jetzt über Vampire Bescheid?
Ja oder nein ... bitte noch vor Sonnenaufgang selber beantworten.

Diese kleine «Vampirkunde» ist in der Schülerzeitschrift «Spick» (Nr. 69, Sept. 87) erschienen.

F13 Stellen Sie sich meine Lage vor!

«Lagebericht» (Kap. 6/7)

Stellen Sie sich das Schreckliche meiner Lage vor! Hinter mir der Löwe, vor mir das Krokodil, zu meiner Linken ein reissender Strom, zu meiner Rechten ein Abgrund, in dem, wie ich nachher hörte, die giftigsten Schlangen sich aufhielten.

Betäubt – und das war einem Herkules in dieser Lage nicht übel zu nehmen – stürze ich zu Boden. Jeder Gedanke, den meine Seele noch vermochte, war schreckliche Erwartung, jetzt die Zähne oder Klauen des wütenden Raubtiers zu fühlen oder in dem Rachen des Krokodils zu stecken …

Aus: Gottfried August Bürger (1747–1794): Wunderbare Reisen zu Wasser und zu Lande. Feldzüge und lustige Abenteuer des Freiherrn von Münchhausen. 1786

Der Freiherr von Münchhausen schildert seine Abenteuer und erweist sich als unschlagbar im Erfinden von fantastischen Situationen und unerhörten Heldentaten, die er «bei der Flasche im Zirkel seiner Freunde selbst zu erzählen pflegte».

- Freunde mit einer fantastischen Geschichte gut unterhalten: Versetze dich in diese Situation und schreibe auf, wie du als Münchhausen dich aus der haarsträubenden Lage rettest.

F14 Wir fragen – Sie antworten
Pointen erfinden (Kap. 7)

Eine Zeitschrift forderte die Leser auf, originelle Antworten zur «Frage der Woche» zu erfinden. Die Zeitschrift prämierte und veröffentlichte jene Antworten, die der Jury am besten gefielen. Hier ein paar der Vorgaben der Zeitschrift:

> Man hat Sie zu einem äusserst vornehmen Bankett eingeladen. Bevor die Speisen aufgetragen werden, hält der Gastgeber eine feierliche Rede. Plötzlich entgleitet Ihnen ein langer, lauter Rülpser. Der Redner verstummt schlagartig, die Gäste blicken Sie zum Teil strafend, zum Teil fragend an. Sie sagen: ...

Die Leser antworteten:

«Darf ich mich bei dieser Gelegenheit gleich vorstellen?»

«Stellen Sie sich vor, das wäre uns allen auf einmal passiert!»

«Fantastisches Essen.»

> Auf der Titelseite des «Blicks» zeigt ein grossformatiges Bild Ihr zufriedenes Gesicht. Der Schlagzeile ist zu entnehmen, dass Sie von der Redaktion zum Durchschnittsschweizer des Jahres gewählt wurden. Sofort telefonieren Sie dem Chefredaktor und sagen: ...

> Der Sonntagsspaziergang führt Sie durch einen Wald. Plötzlich kommt ein Mann auf Sie zu, der dem Präsidenten der Vereinigten Staaten von Amerika zum Verwechseln ähnlich sieht. Er sagt zu Ihnen: «Ich bin der US-Präsident, aber niemand will mir glauben.» Sie antworten: ...

- Bestimmt eine Jury (oder mehrere), welche eure Antworten beurteilt.
- Erfindet selbst Wettbewerbsfragen.

F15 Inventur
Gedichte (Kap. 7)

Was ist dem Menschen in seinem Leben, in seiner Lebenssituation wichtig?
Was ist ihm kostbar, was liebt er am meisten?

Schaue dich um und mach dein persönliches «Inventar».
Du kannst dich an die Gedichtform von Günter Eich anlehnen, von diesen ganz einfachen Sätzen ausgehen oder dich von dieser Form «wegschreiben».

Inventur

Dies ist meine Mütze,
dies ist mein Mantel,
hier mein Rasierzeug
im Beutel aus Leinen.

Konservenbüchse:
Mein Teller, mein Becher,
ich hab in das Weissblech
den Namen geritzt.

Geritzt hier mit diesem
kostbaren Nagel,
den vor begehrlichen
Augen ich berge.

Im Brotbeutel sind
ein paar wollene Socken
und einiges, was ich
niemand verrate,

so dient es als Kissen
nachts meinem Kopf.
Die Pappe hier liegt
zwischen mir und der Erde.

Die Bleistiftmine
lieb ich am meisten:
Tags schreibt sie Verse,
die nachts ich erdacht.

Dies ist mein Notizbuch,
dies meine Zeltbahn,
dies ist mein Handtuch,
dies ist mein Zwirn.

Günter Eich

Mis Plakat
Mis Mässer
Min Zinnbächer

Mini Sackuhr
si hät scho
mim Ururgrossvater
d Ziit zeiget

Mini Chugle
ich möcht nöd
mee über si säge

Mini Schnurrägiigä
Mini Gitarre
Min Ring

David, 2. Sek.

Dies ist mein Zimmer
dies ist mein Bett
dies ist mein Tisch
und dies ist mein Stuhl

Ich habe Kleider
Ich habe Turnschuhe
Ich habe zu essen
und habe mein Leben

Eveline, 2. Sek.

Textverständnis T

Seite		Titel	Lernziel/Thema (Verweis auf Schülerbuch)
T1		Der Lederhändler – Text	Lebensplanung (Kap. 3)
T2	L	Der Lederhändler – Fragen	Lebensplanung (Kap. 3)
T3		Nach der Landung – Text	Einen Text erfassen/zusammenfassen
T4	L	Nach der Landung – Fragen	Einen Text erfassen/zusammenfassen
T5		Bingo I – Text	Texte lesen und verstehen
T6		Bingo II – Text	Texte lesen und verstehen
T7	L	Bingo III – Wohnungsplan	Texte lesen und verstehen
T8	L	Bingo IV – Fragen	Texte lesen und verstehen
T9	L	Cumulusbildung	Text und Illustration
T10	L	Üble Partikeln	Fachbegriffe nachschlagen
T11	L	Claires Trost	Handlung erschliessen

T1 Der Lederhändler
Lebensplanung (Kap. 3)

Sein Wunsch war nicht übertrieben. Bis zu seinem fünfzigsten Jahre wollte er fleissig arbeiten, dann aber seine Lederhandlung verkaufen, sich irgendwo zur Ruhe setzen und das Leben geniessen.

Und weil er sich das getreulich und ausdauernd wünschte, auch alle Abschweifungen vom Wege des soliden Lederhandels sorgsam vermied, so wurde sein Ideal zur erhofften Zeit angenehme Wirklichkeit. Es kam der denkwürdige Tag, wo er zum letzten Mal in sein Geschäft ging. Er tat es mit angemessener Feierlichkeit und Würde. Und er arbeitete an seinem Schreibpulte wie gewöhnlich, stand hinter dem Ladentische und machte seinen üblichen Gang durchs Magazin, wo er sich auch in der dunkelsten Nacht zurechtgefunden hätte.

Das alles war nun verkauft und sollte morgen einem andern gehören.

Er konnte es nicht verhindern, dass ihm ein paar Tränen in die Augen schossen, als er am Abend die Ladentüre etwas langsamer und umständlicher als sonst hinter sich zumachte. Aber dann dachte er daran, dass er von nun an das Leben geniessen werde, und wischte mit einer resoluten Armbewegung die Tränen aus den Augen und auf den Rockärmel, wo sie noch eine kurze Weile lang glänzten und dann in die Wolle hineindunkelten.

Damit war die trübselige Anwandlung vorüber, und fröhlich schritt er auf die Strasse hinaus. Und als er an der nächsten Ecke einem hübschen Mädchen begegnete, lachte er ihm ins Gesicht.

Nicht als ob er damit etwas Besonderes gemeint hätte, das war nicht seine Art; er hatte bloss ganz unschuldig dem Bedürfnisse nachgegeben, einen Menschen anzulächeln, weil er sich so glücklich fühlte.

Denn nun war er ja ein freier Mann, der so viel Geld auf der Sparbank hatte, dass er nicht mehr zu arbeiten brauchte und zu jeder Zeit, wann und wo es ihm gerade beliebte, etwas ganz anderes im Sinne haben durfte als immer nur Leder: Sohlleder, Oberleder, Rossleder, Kalbsleder, Schweinsleder, Juchtenleder, Waschleder, Lackleder, Glacéleder, Chevreau, Marocain und Saffian!

Gott sei Dank, nun war er sie los!

Den Abend verlebte er wie gewöhnlich. Er ass, was ihm die Haushälterin auf den Tisch stellte. Dann las er, was ihm sein Leibblatt vorzusetzen für gut fand. Und um halb zehn legte er sich in sein einschläfiges Bett, zuerst fünf Minuten auf die linke und dann definitiv auf die rechte Seite, wie es seine Gewohnheit war seit vielen Jahren. Als er am Morgen erwachte, war es schon halb acht.

Er erschrak. Um acht Uhr musste er ja im Geschäft sein! Er sprang aus dem Bett wie ein Junger und schlüpfte in die Unterhosen.

Aber dann fiel es ihm auf einmal ein, dass er sein Geschäft verkauft hatte und dass er von nun an nichts anderes mehr zu tun hatte, als sein Leben zu geniessen. Da zog er die Unterhosen wieder aus und kroch ins Bett zurück. Heute wollte er einmal recht tüchtig ausschlafen. Aber der Schlummer wollte nicht kommen, obwohl er sich zuerst auf die linke, dann auf die rechte Seite und schliesslich gar auf den Rücken legte.

Nach einer halben Stunde hatte er Kopfschmerzen. Da stand er notgedrungen auf, kleidete sich an und trank seinen Kaffee.

Was nun? Das Leben geniessen! Versteht sich. Aber wie? Er versuchte, sich klarzumachen, was er sich seit Jahren unter Lebensgenuss vorgestellt hatte. Aber das war nicht so leicht. Er entdeckte auf einmal, dass er sich nichts Bestimmtes vorgestellt hatte.

Vom Lebensgenusse wusste er nicht mehr als vom Himmel, hauptsächlich, dass er etwas Schönes sein müsse. Aber was? Jedenfalls etwas, das nicht mit seinem Geschäft zusammenhing. Denn er hatte ja sein Geschäft verkauft, um das Leben geniessen zu können. Er hatte nicht geahnt, dass dies so viel Kopfzerbrechen verursachen werde.

Aber er warf die Flinte noch nicht ins Korn. Aller Anfang ist schwer: man darf sich dadurch nicht entmutigen lassen. Hatte er nicht von dem und jenem gehört, dass er das Leben geniesse? Doch! Er brauchte also bloss zu leben wie die, dann ging sein Wunsch in Erfüllung. Der eine hatte die feinsten Weine getrunken und die teuersten Zigarren geraucht.

Aha, da haben wirs ja! Schreiben wirs auf: feine Weine, teure Zigarren. Ein anderer las Bücher, beschaute Bilder, hörte Konzerte, ging ins Theater. Schreiben wirs auf: Bücher, Bilder, Konzerte, Theater!

Ein Dritter lag den lieben langen Tag auf einer Wiese und schaute in den Himmel. Schreiben wirs auf: Auf-einer-Wiese-Liegen, In-den-Himmel-Schauen! Ein Vierter reiste in der halben Welt herum. Schreiben wirs auf: Reisen! ...

Nun wars genug: Weine, Zigarren, Bücher, Bilder, Konzerte, Theater, Wiesen, Himmel, Reisen ...

Und er versuchte die verschiedenen Rezepte, eines nach dem andern.

Aber die Weine verursachten ihm Kopfschmerzen, und die Zigarren machten ihm übel. Über den Büchern aber schlief er ein: Bilder waren ihm völlig gleichgültig, in den Konzerten langweilte er sich zu Tode, und im Theater fand er, es sei schade für das Geld.

Auf der Wiese holte er sich Rheumatismus, und der Himmel tat ihm in den Augen weh. Und als er reiste, fand er, es sei überall wie zu Hause! Mit seinem Lebensgenusse war es schlecht bestellt. Er bekam schlaflose Nächte. Von denen hatte er früher nichts gewusst!

Ach, warum hatte er sein Geschäft verkauft: wie schön war es gewesen, mit Leder zu handeln. Weine und Zigarren waren rein nichts dagegen.

...

Felix Möschlin

T2 Der Lederhändler
Lebensplanung (Kap. 3)

Beantworte die nachstehenden Fragen. Versuche deine Ansichten und Vorschläge möglichst aus dem Text heraus zu begründen, wenn möglich sogar mit Zeilenangaben.

1 Der Lederhändler lebt nach einem Plan. Beschreibe diesen Lebensplan kurz:

2 Was erfahren wir über die familiären Verhältnisse des Lederhändlers?

3 Wie stellst du dir diesen Mann vor? Charakterisiere ihn mit einigen Adjektiven (6–8).

4 «Arbeit» und «Genuss» sind wichtige Elemente seines Lebensplans. Was bedeuten sie ihm?

Arbeit:

Genuss:

5 Sein Lebensplan geht schief, weil er grosse Mängel hat, nur «Arbeit» als Weg zum Ziel «Genuss» kennt. Für andere «lebenswichtige Dinge» hatte der Lederhändler keine Augen. Nenne einige:

6 In dieser Lebensgeschichte fehlen die letzten 17 Zeilen, die zeigen, wie es dem Lederhändler schliesslich doch noch gelingt, das Leben auf seine Weise zu geniessen.
Was wäre dein Vorschlag?

T3 Nach der Landung
Einen Text erfassen/zusammenfassen

Nach der Landung

Wir hatten bereits gehört und Kenntnis erhalten über merkwürdige Lebewesen, die nahe unserer Station gesichtet wurden, doch konnten wir aus den ungenauen Beschreibungen kein Bild gewinnen. Wir fürchteten schon, unsere wissenschaftliche Neugier, so mächtig angestachelt, würde unbefriedigt bleiben. Dank besonderer Umstände jedoch wurde uns wenig später ein Exemplar jener Gattung übergeben, für die wir bis heute keine exakte Bezeichnung formulieren konnten. Schlimmer: Wir sind heute wie damals nicht in der Lage, das innere Gesetz dieser zoologischen Novität[1] aufzudecken. Dass es von uns grundverschieden ist, stellten wir als Einziges mit einer gewissen Sicherheit fest. So ist beispielsweise der Leib des unerklärlichen Dinges mit einem Gewirr feiner und feinster Röhren durchzogen, die auf natürliche Art gewachsen zu sein scheinen und durch die eine rote Flüssigkeit läuft, die hauptsächlich aus Wasser besteht, bis auf einen geringen Prozentsatz organischer und anorganischer Substanzen. Innerhalb des Wesens, schlau geschützt durch eine korbähnliche Umkleidung, ist eine kleine Pumpe installiert, welche die Flüssigkeit durch die Röhren treibt, in einem steten Kreislauf, der offenkundig sich selbst genügt und gar nichts in Bewegung setzt. Die Vermutung liegt nahe, dass es sich um ein Lebewesen niederer Sorte handelt.

Äusserlich ist es mit einer weichen Folie überzogen, auf der sich da und dort Büschel feiner Fäden befinden; misstönend klingt die Stimme aus der Öffnung hervor, in der zwei Reihen kleiner harter Knochenstifte stehen. Diese sind in einem kugelförmigen Aufsatz angebracht, in dem auch das Reaktionszentrum versteckt zu sein scheint, dessen Funktionen kennen zu lernen wir uns mühten: Sie sind übrigens unbedeutend. Es produziert nur einige Affekte[2] gröbster Sorte: Angst, Freude, Trauer, Heiterkeit, Hass. Recht simple Werkzeuge, die an seinem Rumpf befestigt sind, können wenige ungeschickte, schwerfällige Operationen durchführen, die indes bisher ausgereicht haben, es mit dem notwendigen Betriebsstoff zu versorgen. Und auch weiterhin ausreichen werden! Denn am vierten Tag der Untersuchung entschlüpfte uns das Wesen bei der Prüfung seiner Schnelligkeit. Erst hatte es sich angestellt, als könne es sich kaum vorwärts bewegen, war dann im Moment mangelnder Aufmerksamkeit plötzlich in Trab gefallen und ziemlich rasch verschwunden; eine Eigenschaft zeigte es damit, die wir nicht vermutet und die das Wesen wahrscheinlich vor dem Aussterben geschützt hat: nämlich hochgradige Listigkeit. Die Akten über den Fall mussten notgedrungen geschlossen werden; ein weiteres Wesen wurde nicht gefangen. Über eine vorläufige wissenschaftliche Benennung war keine Einigung zu erzielen. Wir hatten die Zeit nach der Landung so gut wie möglich genützt, faktisch bis zur letzten Minute des Abfluges. Künftigen Untersuchungen wird also vorbehalten sein, endgültig festzustellen, was das eigentlich ist, das diesen Planeten hier belebt.

Günter Kunert

[1] Novität: Neuheit
[2] Affekte: Gefühle

Zusammenfassen

Bevor man einen Text zusammenfassen kann, muss man ihn sorgfältig erfassen, also genau lesen, verstehen und das Gelesene werten. Erst dann kann man das Wesentliche für die Zusammenfassung neu formulieren. Dabei sind die folgenden Punkte zu beachten:

Das Wesentliche in Kürze. Zusammenfassungen sind so kurz wie möglich und so lang wie nötig.

Präsens verwenden

Direkte Rede vermeiden

Er-/Sie-Form verwenden

T4 Nach der Landung
Einen Text erfassen/zusammenfassen

Wenn du den «Untersuchungsbericht» von Günter Kunert aufmerksam gelesen hast, solltest du die nachstehenden Fragen spontan beantworten können. Versuche es und lass jene offen, auf die du spontan keine Antwort weisst.
Dann liest du den Bericht ein zweites Mal durch und beantwortest auch die noch offenen Fragen.

1 Um welchen Planeten handelt es sich wohl?
_____

2 Welche Bezeichnung würdest du für das entdeckte Lebewesen verwenden?
_____

3 Welche Eigenschaft schützt das Lebewesen gemäss Bericht vor dem Aussterben?
_____

4 Warum muss die Untersuchung unvollendet abgebrochen werden? Nenne zwei Gründe.
   4.1 _____
   4.2 _____

5 Die Untersuchenden entdecken und umschreiben Einzelheiten, ohne ihnen einen Namen zu geben. Wie würdest du diese Dinge benennen?

eine kleine Pumpe	_____
ein Gewirr feiner Röhren	_____
eine weiche Folie	_____
ein kugelförmiger Aufsatz	_____
eine Reihe kleiner Knochenstifte	_____

6 Fasse «Nach der Landung» in etwa 100 Wörtern zusammen. Beachte dabei die Hinweise zur Zusammenfassung rechts neben dem Text.

T5 Bingo I
Texte lesen und verstehen

Behutsam öffnet er die unverriegelte Balkontüre und betritt das Wohnzimmer. Der feine Strahl der Taschenlampe gleitet über ein Büchergestell links neben der Balkontüre, schweift über das grosse Möbel, das bis zur Ecke reicht, und steht dann still bei einer Stereoanlage auf einem der
5 Regale. – «Nicht gerade das neueste Modell. Aber immerhin.» – Mit wenigen Griffen löst er die Kabel und trägt die Geräte zur Balkontüre. Die CDs füllt er in eine Tasche ab und stellt sie zu den Musikgeräten. Dann reisst er die Bücher heraus und durchsucht die Kästchen im Gestell: eine kleine Hausbar, Videokassetten, Landkarten und ein Nähkörbchen.
10 «Ramsch!», zischt er missmutig. Der Lichtstrahl tastet weiter über ein Sofa, das neben der Bücherwand direkt vor einem grossen Fenster steht. Beim Sofa befinden sich ein Tischchen und zwei Fauteuils. In der Ecke thront eine mannshohe Stehlampe. Dann beleuchtet der Lichtstrahl das Cheminée und die Wand zwischen Cheminée und Stehlampe. Dort ent-
15 deckt der Einbrecher ein Aquarell. Mit Bildern kennt er sich nicht aus, aber kleinere Formate sind immer eine willkommene Beute, gut transportierbar und auf dem Schwarzmarkt leicht verkäuflich. Also vorerst mal zur Musikanlage damit. Dann kommt ein ziemlich grosser Schreibtisch an der rechten Wand neben dem Balkonfenster an die Reihe. Er öffnet
20 zuerst die beiden grösseren Schubladen auf der rechten Seite und überfliegt die Anschriften der Hängeregistratur. Viele Mäppchen tragen Ländernamen: Italien, Spanien, Frankreich, Belgien, England, Griechenland, Kreta, Israel. – «Scheinen viel zu reisen, die Herrschaften, zum Glück!» – Wie immer hat er die Lage vorher ausgekundschaftet und weiss,
25 dass die Besitzer zwei Wochen im Ausland weilen. – «Wo die wohl das Bargeld haben?» – Das Mäppchen mit den Bankunterlagen enthält Kontoauszüge und dergleichen, nichts Lohnendes. – «Die können einen Verlust verkraften! Und zudem haben solche Leute sowieso alles versichert. Nicht wie unsereins, der beim kleinsten Fehler riskiert, eingebuchtet zu werden.
30 Irgendwo muss einfach Bargeld sein und Schmuck oder andere Wertsachen. Wer sich eine Attikawohnung leistet, der hat auch Wertsachen.» – Aber in den kleineren Schubladen auf der linken Seite des Schreibtisches wird er auch nicht fündig. Ungeduldig geht er am runden Esstisch vorbei, der vor einem mit Topfpflanzen geschmückten Fenster steht. – «Hoffent-
35 lich kommt niemand auf die Idee, die Pflanzen ausgerechnet jetzt zu giessen!» – Er verscheucht den Gedanken daran rasch wieder und öffnet den zweitürigen Wandschrank neben dem Esstisch. – «Ärgerlich: billiges Chromstahlbesteck statt Tafelsilber! Die haben echt keinen Stil, diese Leute! Sieht langsam nach Flop aus heute. Aber da sind ja noch die ande-
40 ren Zimmer.» – Die Schränke und Schubladen der kleinen Küche enthalten das Übliche. Als routinierter Gauner weiss er aber, dass Schmuck manchmal in Vorratsdosen verborgen ist, doch diesmal leert er die Behälter vergeblich aus, nichts als Mehl und Zucker. Also weiter durch den Korridor ins erste Zimmer links. Scheint das Gästezimmer zu sein.
45 Das Bett steht gleich neben der Türe an der linken Wand. An der rechten Wand steht ein schmaler, länglicher Tisch beim Fenster und beim Fussende des Betts ein altmodischer Schaukelstuhl. An den Wänden hängen ein paar wertlose Reproduktionen. Schon wieder nichts! Langsam wächst sein Missmut. Er tritt wieder in den Korridor und öffnet die Wand-
50 schränke auf der gegenüberliegenden Seite.

T6 Bingo II
Texte lesen und verstehen

Achtlos reisst er die vielen Kleider aus den Schränken und wirft sie auf den Boden: weder ein Pelzmantel noch Markenklamotten. Doch da fällt eine Brieftasche aus einem Veston. Sie enthält zwei Hunderter und eine Fünfzigernote. «Wenigstens etwas an meine Unkosten», murmelt
5 er, steckt das Geld ein und durchsucht die übrigen Jacken, Röcke, Hosen und Mäntel – ohne Erfolg. Schliesslich betritt er das nächste Zimmer.
An der linken Wand steht ein Doppelbett. Die ganze Wand hinter dem Kopfende des Betts wird von von einem grossen Büchergestell abgedeckt. Mit Büchern hat er noch nie etwas anfangen können, aber man
10 weiss ja, dass es «hohle» Bücher als Versteck für Wertsachen gibt. Er ärgert sich – wie stets, wenn er in die Wohnung eines «Bücherwurms» gerät – aber als solider Einbrecher reisst er wieder Buch um Buch aus dem Gestell und schüttelt alle aus. Vergeblich, auch das zwei- oder dreihundertste, das er eigentlich lieber an die Wand geschmettert hätte. Im
15 einen der Nachttischchen findet er eine alte, goldene Damen-Armbanduhr. «Sicher ein Erbstück. Echtes Gold. Bringt wohl gegen zweitausend Kröten. Immerhin!» Die Bilder an der Wand stellen alte Städte und Landschaften dar. «Reproduktionen. Einfach stillos! Könnten ja geradeso gut Poster aufhängen. Und dieser Radiowecker ist schon so antik, dass ich
20 dafür noch eine Entsorgungsgebühr entrichten müsste.» – Eine kleine Kommode links neben der Türe enthält Trikots und Radlerhosen. – «So eine Pleite!» – Nur noch eine Chance: das vierte Zimmer. Es erweist sich als eine Art Büro. «Nicht schon wieder!», durchzuckt es ihn, als er die mannshohen, prallvollen Büchergestelle an allen Wänden sieht. Sogar
25 über dem Bett, das zwischen Zimmertüre und Terrassentüre längs an der Wand steht, hängen Bücherregale. Es ist ihm völlig wurscht, was das für Bücher sind; er weiss nur, dass er sie alle ausschütteln muss. Doch zuerst alles andere. Vor dem Fenster steht ein langer, wuchtiger Schreibtisch, der sogar die breite Schiebetüre zur Terrasse teilweise verstellt.
30 Mittlerweile ist er so ungeduldig, dass er die Schubladen einfach herausreisst und den Inhalt aufs Bett kippt. Doch da rächt sich seine Eile auch schon: ein massiver Locher poltert zu Boden. Er erstarrt. Auf seiner Stirn bilden sich feine Schweisströpfchen. Es ist genau zwei Uhr zwölf. Er horcht. Stille. Ein Auto. Wieder Stille. Nach fünf Minuten beginnt er
35 hastig, aber vorsichtig weiter zu suchen.
«Die Bücher lasse ich aus. Würde zu lange dauern. Zu viel Risiko. Noch schnell einen Blick in diesen Schrank hier und dann hau ich ab!» – Der Schrank scheint hauptsächlich Büromaterial zu enthalten: Papier, Kuverts, Ordner, einen Taschenrechner, eine Schachtel Disketten. Da: Bingo! Ein
40 Laptop, neueste Generation. Mit Computern kennt er sich aus: «Ein potentes Ding. Bringt dreitausend, mindestens! Immerhin! Nun aber nichts wie weg!» Er eilt zum Balkon, prüft, ob die Luft rein ist, und steigt dann vorsichtig über die Balkonbrüstung und die Leiter hinunter. Unten wird er von hinten gepackt, ein zweiter Mann nimmt ihm den Computer ab und
45 sagt: «Mein Name ist Everts, und der starke Mann, der Sie festhält, ist mein Nachbar, den sie dummerweise geweckt haben. Seine Frau sagt, die Polizei sei schon unterwegs.»

Ausschnitt aus: Die verrückt perfekte Welt
des W. Heath Robinson.
Hamburg und Oldenburg (Stalling)

T7 Bingo III
Texte lesen und verstehen

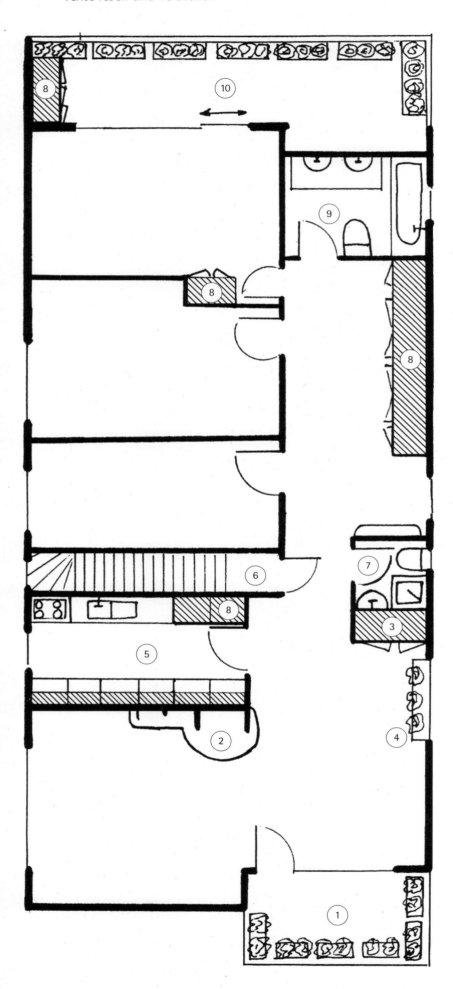

- Zeichne die im Bericht über den missglückten Einbruch erwähnten Möbel im Plan ein. Wähle für die Umrisse der Möbel einfache Formen und bezeichne sie mit den passenden Nummern der nachstehenden Legende. Die Angaben links/rechts beziehen sich auf den Blick von der Türe des jeweiligen Raumes aus.

- Markiere den Weg des Einbrechers mit einer Linie. Auch für Wege, die er mehrmals begeht, genügt eine einzige einfache Linie.

- Markiere jene Stellen, wo er «fündig» wird, mit einem Kreuz.

Legende zum Plan:
1. Balkon
2. Cheminée
3. Geschirrschrank
4. Zimmerpflanzen
5. Küche
6. Treppenhaus
7. Dusche
8. Wandschrank
9. Bad
10. Terrasse
11. Büchergestell
12. Sofa
13. Stehlampe
14. Fauteuil
15. Schreibtisch
16. Esstisch
17. Bett
18. Schaukelstuhl
19. Tisch
20. Doppelbett
21. Nachttischchen
22. Kommode

T8 Bingo IV
Texte lesen und verstehen

Beantworte die folgenden zehn Fragen zum missglückten Einbruch:

1 Wieso wählt der Einbrecher gerade diese Wohnung aus?

2 Warum findet der Gauner die Wohnungsbesitzer «stillos»?

3 Was erfahren wir über die Hobbys der Wohnungsbewohner?
   3.1
   3.2
   3.3

4 Welche zwei Dinge durchsucht er, weil er sie für mögliche Verstecke von Wertsachen hält?
   4.1
   4.2

5 Der Einbrecher begeht mindestens einen für ihn verhängnisvollen Fehler. Welchen?

6 Zähle auf, worin seine Beute bestanden hätte, wenn er nicht ertappt worden wäre.
   6.1   6.2   6.3
   6.4   6.5   6.6

7 Der Dieb war gründlich bei seiner Suche. Er hat den Schmuck der Frau aber nicht gefunden, obwohl sie ihn wirklich versteckt hatte. Warum nicht? Welches ist die naheliegendste Vermutung?

8 Welches Detail hätte die Versicherung bemängelt, wenn man den Dieb nicht gefasst hätte?

9 Dieser Einbruch war wirklich ein «Flop» für den Dieb: Nicht nur wird er am Schluss gefasst, sondern er hat vorher auch noch einigen Ärger und Verdruss gehabt. Worüber hat er sich aufgeregt?

   9.1 Im Wohnzimmer darüber, dass

   9.2 In der Küche darüber, dass

   9.3 Bei den Bildern darüber, dass

   9.4 Im Schlafzimmer darüber, dass

   9.5 Im Korridor darüber, dass

   9.6 Im Büro darüber, dass

10 Die Nachbarn fassen zwar den Dieb, gehen dabei aber ein Risiko ein. Wie hätten sie ihn einfacher und risikoloser «dingfest» machen können?

T9 Cumulusbildung
Text und Illustration

In Zeitungen und in anderen Medien bestehen Informationen oft aus einer Kombination von Bild und Text. Das nachstehende Beispiel stammt aus der Wetterinformation einer Zeitung. Die Illustration stellt dar, wie Cumuluswolken entstehen. Es steht auch ein kurzer Text dabei, der sich auf die Abbildung bezieht und in Worten erklärt, was die Illustration bildlich darstellt. Dieser Text fehlt hier.

- Spiele nun selbst den «Wetterfrosch» und erkläre die Cumulusbildung mit einem kurzen Text (Umfang: 100–150 Wörter). Achte dabei darauf, was die Illustration selbst zu erläutern vermag und was nicht.
Es ist sinnvoll, die Cumulusbildung in der Klasse zu besprechen, bevor du die Aufgabe löst. Falls nötig kann auch ein Lexikon oder ein Fachbuch weiterhelfen.

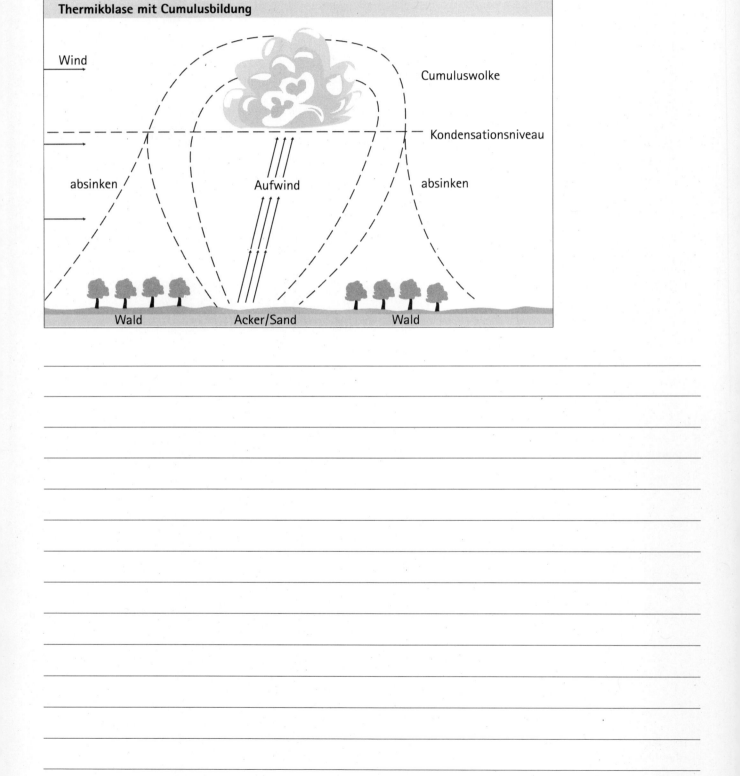

T10 Üble Partikeln
Fachbegriffe nachschlagen

Üble Partikeln

Schwere Lastwagen fahren mit Dieselmotoren, die im Gegensatz zu Benzinmotoren keine Abgaskatalysatoren aufweisen. Zwar haben die Ingenieure bei den Emissionen gasförmiger Schadstoffe (Stickoxide, Kohlenmonoxid) Verbesserungen erzielt, nicht aber bei den Feinstpartikeln. Neuere Dieselmotoren, zum Beispiel für die 40-Tönner, stossen massiv mehr kleine Russteilchen aus als ältere Modelle. Das zeigen die Messungen des internationalen Forschungsprojekts VERT, an dem auch die Schweiz beteiligt ist.

Solche Teilchen (mit einem Durchmesser von weniger als 10 Tausendstelmillimeter) sind besonders gesundheitsschädlich. Sie dringen in die Lunge ein und können bei hoher Belastung zu Erkrankungen der Atemwege führen. Im Dieselruss befinden sich auch krebsauslösende Substanzen.

Mit Partikelfiltern lassen sich die Emissionen um 90 Prozent senken. In Europa sind die Filter nicht vorgeschrieben. Aus lufthygienischer Sicht wären sie jedoch nötig, fordert das Bundesamt für Umwelt, Wald und Landschaft.

In: Tages-Anzeiger vom 2.9.98

> Sachtexte wie dieser Zeitungsartikel setzen beim Leser oft einiges an Fachkenntnis voraus.
> Manchmal begnügen wir uns damit, etwas «mehr oder weniger» zu verstehen.
> Wenn wir es aber genau nehmen, müssen wir auch die Fachbegriffe und Fremdwörter kennen.

- In diesem Zeitungsartikel kommen Fachbegriffe und Fremdwörter vor, die du kennst, und andere, deren Definition Mühe macht. Lies den Text und unterstreiche alle Wörter, die du nicht genau kennst.
- Rechts findest du eine Liste solcher Wörter in der Reihenfolge, in der sie im Text vorkommen. Schreibe eine knappe, aber präzise Worterklärung zu diesen Wörtern, und zwar zu dem Wortsinn, der im Text gemeint ist. Wenn du nicht sicher bist, schaust du in einem Fremdwörterbuch nach.

Partikel: _____

Motor: _____

Benzin: _____

Katalysator: _____

Ingenieur: _____

Emission: _____

Oxid: _____

Monoxid: _____

massiv: _____

Modell: _____

international: _____

Projekt: _____

Millimeter: _____

Substanz: _____

Prozent: _____

Hygiene: _____

T11 Claires Trost
Handlung erschliessen

Sie betrachtet und probiert nun schon eine ganze Weile; gekauft hat sie aber noch nichts. Sie hat ja auch noch den Nachmittag vor sich. Sie beschliesst, eine Pause zu machen und eine Kleinigkeit essen zu gehen.	Taub!? Oder versteht er weder Deutsch, Englisch noch Französisch? Nach einigem Zögern versucht sie, der Situation mit Humor zu begegnen, und beginnt, die Suppe zusammen mit dem fremden Mann auszulöffeln.	Claire ärgert sich über ihre Unvorsichtigkeit und über den frechen Kerl. Doch halt! Sie hat Glück: Nach dem Bezahlen hat sie den Geldbeutel ja in die Jackentasche gesteckt – wo er immer noch ist. So hält sich der Schaden in Grenzen:
«Ich glaube, die Polizei kann mir auch nicht helfen. Und es lohnt sich wohl auch nicht, den Verlust bei der Versicherung zu melden. Am besten trinke ich jetzt erst mal einen Kaffee und überlege, was weiter zu tun ist.»	Ein gepflegtes Äusseres ist ja in ihrem Job wichtig. Ausserdem schlendert sie gern durch die eleganten Geschäfte, um sich etwas Schönes auszusuchen. Bei ihrem Salär kann sie sich das auch problemlos leisten.	Claire betritt ein Selbstbedienungsrestaurant, das schon ziemlich besetzt ist. Sie bestellt eine Suppe, stellt ihren Teller auf einen Tisch und geht nochmals zum Buffet zurück, um etwas Brot zu holen.
Lange dauert das wortlose Mahl nicht. Dann wischt der ungebetene Mitesser den Löffel an der Serviette ab, setzt sich die Mütze auf, nickt ihr freundlich zu und verlässt das Lokal. Claire atmet erleichtert auf.	Natürlich meldet sie ihren Irrtum an der Kasse und geht dann beschämt heim. Um etwas Abstand zu gewinnen, hält sie den Vorfall im Tagebuch fest und beendet den Eintrag mit einem tröstlichen Spruch.	Meistens muss die Hotelmanagerin Claire am Samstag arbeiten. Das stört sie aber nicht, im Gegenteil: Sie schätzt es, ihren freien Tag während der Woche zu haben. So wie heute, wo sie sich in aller Ruhe Kleider kaufen will.
«Hast du Worte?» Als sie zurückkommt, sitzt ein fremder Mann an ihrem Tisch und löffelt ihre Suppe. Er scheint ein wenig älter als sie zu sein. Widerstrebend setzt sie sich zu diesem dreisten Kerl an den Tisch.	Rasch erhebt sie sich und geht ans Buffet, um sich den Kaffee zu holen. Sie meldet den Diebstahl an der Kasse, wo man ihr mit freundlichem Bedauern sagt, das sei nicht das erste Mal, das komme leider immer wieder vor.	«Sie, was erlauben Sie sich!» Er zuckt die Schultern, hält ihr den Löffel hin und lädt sie mit einer Geste zum Mitessen ein. «Can I help you? – Parlez-vous français?» Wieder Schulterzucken und freundliches Lächeln.
Handtasche, Schlüssel, Tramabo, Telecard, Kamm, Spiegel, eine angebrochene Packung Bonbons, ... eigentlich sind nur die Schlüssel wichtig. Sie versucht, einen klaren Kopf zu bewahren: «Sollte ich die Polizei anrufen?»	Nach dem Frühstück wartet sie auf das Tram, das sie ins Zentrum zu den Geschäften bringt. Die Vögel zwitschern, es ist ein prächtiger Frühlingstag. Gut gelaunt und voll Vorfreude aufs Einkaufen steigt sie ein.	Immer noch mit dieser seltsamen Begegnung beschäftigt, beschliesst sie, am Buffet einen Kaffee zu holen. Da merkt sie, dass ihre Handtasche weg ist. «Auch das noch! Wie konnte ich dem nur auf den Leim kriechen!»
«Reg dich doch nicht auf», versucht sie sich zu beruhigen, während sie zu ihrem Tisch zurückgeht, «so etwas kann doch jeder passieren.» Beim Tisch angekommen, traut sie ihren Augen nicht.	Immerhin lächelt er ihr zu. Wortlos zieht sie den Teller zu sich herüber. Da steht er auf, entfernt sich, ist aber gleich wieder da. Mit einem weiteren Löffel! Claire ist zugleich belustigt und empört.	Ein unberührter Teller Suppe steht da, und auf dem Stuhl entdeckt sie ihre Tasche. Da fällt es ihr wie Schuppen von den Augen: «Er hat das Gleiche bestellt wie ich, und ich habe mich offensichtlich beim Tisch geirrt! Peinlich!»

Der Tag verläuft anfänglich wie geplant. Doch dann hat die 24-jährige Claire ein Erlebnis, das sie nachdenklich macht und beschämt. Folge Claire und entdecke, was geschieht.

Finde die richtige Reihenfolge der Teiltexte in den Kästchen heraus. Dann wirst du auch den Satz erfahren, mit dem Claire am Abend ihre Tagebuchaufzeichnungen abschliesst.

Dieser Satz setzt sich aus dem ersten Buchstaben jedes Teiltexts zusammen. Wenn du diese Buchstaben der Reihe nach aufschreibst, hast du den Schlusssatz des Tagebucheintrags schon fast entdeckt.

Du musst jetzt nur noch die Silben und Wörter des Satzes etwas zurechtrücken, dann erhältst du einen Spruch, den du sicher kennst und vielleicht selbst auch schon verwendet hast.

Dieser Satz lautet:

_____

_____

_____

Diverses

Seite		Titel	Lernziel/Thema (Verweis auf Schülerbuch)
D1		Inserate gestalten	Kriterien (Kap. 1)
D2		Sein Leben gestalten	Selbsteinschätzung, Lebensplanung (Kap. 3)
D3		Umfahrungsstrasse? – Plan	Interessen vertreten (5.8/5.9)
D4		Umfahrungsstrasse? – Rollen	Interessen vertreten (5.8/5.9)
D5	L	Logicals I	Denksport
D6	L	Logicals II	Denksport
D7	L	Zwei Knacknüsse	Denksport
D8	L	Die Türe zur Freiheit	Denksport
D9		Sich etwas einprägen	Wahrnehmungsübungen

D1 Inserate gestalten
Kriterien (Kap. 1/6.10)

Wie gestaltet man ein gutes Inserat?
Ein Rezept, wie man ein gutes Inserat gestaltet, gibt es nicht. Es gibt aber eine Reihe von Fragen, die es zu beachten gilt:

– Wie lautet die Leitidee für das Inserat?

– Soll das Inserat eher das Gefühl oder den Verstand ansprechen?

– Soll der Bild- oder der Textteil vorherrschen? (Soll das Bild oder die Schrift den Blick fangen?)

Die wichtigsten Gestaltungselemente sind:

1 Die Schlagzeile (der Slogan)
Sie ist der wichtigste Teil des Inserats, das Telegramm, das den Leser dazu bringt, das Inserat überhaupt zu lesen. Die Schlagzeile muss deshalb

– Aufmerksamkeit wecken

– das persönliche Interesse des Lesers ansprechen

– einprägsam sein.

Die Schlagzeile kann als Aufruf, Aufforderung, Frage, Behauptung formuliert sein. (Welche Beispiele kennst du?)

2 Der Text (die Schrift)
Der Text enthält häufig die eigentliche Aussage über das Angebot. Er soll überzeugen und «verkaufen». Deshalb soll er klar sein und leicht lesbar.

3 Das Bild
Das Bild spricht entweder für sich allein, oder es unterstützt den Text. Bilder sind oft ein wirksamerer Blickfang als der Text.

Einige wichtige Grundsätze der Inseratgestaltung:

– Du kannst den Text besser dem Bild anpassen als umgekehrt.

– Gliedere den Text, halte die Abschnitte kurz, besonders den ersten! (Lange Textabschnitte ermüden den Leser.)

– Zwischentitel machen den Text abwechslungsreicher.

– Wähle keine zu kleine Schrift!

– VERWENDE FÜR DIE SCHLAGZEILE KEINE GROSSBUCHSTABENSCHRIFT, sie ist schwerer lesbar als die normale Schrift.

– Inserattexte sollen stets positiv gehalten sein.

– Inserattexte sollen den Leser zum Handeln auffordern.

– Vorsicht mit Humor und Originalität um jeden Preis.

Nach Inseratgestaltung. Richtlinien der Publicitas für die Lehrlingsausbildung

48 Welt der Wörter 2

D2 Sein Leben gestalten
Selbsteinschätzung, Lebensplanung (Kap. 3)

Hans A.

Er war ein fleissiger, pflichtbewusster Schüler. Nach der Sekundarschule besuchte er eine Mittelschule, die ihm einiges abverlangte. Dann studierte er Chemie, ein Fach, das ihn schon im Gymnasium sehr interessiert hatte. Sein Problem waren die vielen theoretischen Dinge. Oft hatte er Mühe, die Formeln zu verstehen und richtig anzuwenden. Freude machte ihm die Arbeit im Labor, wo man mit Substanzen experimentieren konnte. Die Schlussprüfung bestand er – im Unterschied zu einigen anderen, die weniger seriös «gebüffelt» hatten. Aber er schnitt eher knapp ab, was seine Freude etwas trübte.

Während des Studiums hatte er oft mit einer Kollegin gelernt, die ihm gefiel. Sie verliebten sich und heirateten nach dem Studium. Bald hatten sie auch ein Kind. Vor der Geburt hatte seine Frau eine gut bezahlte Stelle gehabt, was es Hans ermöglichte, eine Doktorarbeit zu machen. Am Feierabend und am Wochenende unterstützte ihn seine Frau, so dass seine Dissertation in relativ kurzer Zeit fertig gestellt war. Hans musste nun für die Familie sorgen. Als «frischgebackener» Doktor der Chemie fand er eine Stelle in einem Pharmaunternehmen, wo er bald in eine leitende Position aufstieg, weniger wegen herausragender fachlicher Leistungen als wegen seines Titels und seines Fleisses. Als Abteilungschef arbeitete er hart, um sicher zu sein, dass in seiner Abteilung gute Arbeit geleistet wurde. Er hatte tüchtige Mitarbeiter, die ihn stets unterstützten, ihn lediglich ab und zu kritisierten, wenn er etwas lange brauchte, um eine Neuentwicklung sorgfältig zu überprüfen. Diese Kritik tat ihm weh, und er schlief deswegen in mancher Nacht schlecht.

Er bedauerte auch, dass sein Familienleben zu kurz kam. Seine Frau hatte aber Verständnis und half ihm, wenn er auch in seiner Freizeit daheim noch arbeiten musste. Sie verstand es auch, für eine behagliche Umgebung zu sorgen, so dass er sich zu Hause vom Berufsstress erholen und entspannen konnte. Viel Freude bereiteten ihm auch die beiden Kinder, für die er gern mehr Zeit gehabt hätte.

Hans verdiente gut, sodass sie sich schon bald ein Haus kaufen konnten. Die Abende verbrachten die A.s zumeist daheim in ihrem schönen Haus, denn nach dem Abendessen war neun Uhr meist schon lange vorbei. Eher selten luden sie Freunde oder Verwandte ein. Selten auch gingen sie ins Theater oder besuchten ein Konzert, weil Hans dafür meist zu müde war. An schönen Sonntagen machte die Familie manchmal eine kleine Wanderung, noch häufiger aber blieb man zu Hause. Die Ferien verbrachte die Familie stets im Engadin, wo sie eine Ferienwohnung erworben hatte, nicht zuletzt auch, weil Hans fand, er könne sich so besser erholen als auf Auslandreisen.

Hans A. wurde mehrfach eingeladen, einem Verein oder einer Partei beizutreten, aber dafür fehlte ihm einfach die Zeit. Mit einundfünfzig Jahren starb Hans A. an einem Herzinfarkt.

Dank einer Lebensversicherung und der beträchtlichen Ersparnisse, die im Laufe der Jahre zusammengekommen waren, konnte seine Frau während der Ausbildung der Kinder ohne Geldsorgen leben.

Später arbeitete Frau A. wieder in ihrem Beruf als Chemikerin.

- Zähle in einer Liste auf, was Hans A. deiner Meinung nach in seinem Leben gut gemacht hat und was du anders machen würdest. Vermerke, was du besonders wichtig findest.

- Nimm Stellung zu seinem Leben aus der Sicht der Frau.

- Nimm Stellung zu seinem Leben aus der Sicht eines der beiden Kinder.

- Hans besucht mit dir die Sekundarschule. Du sagst ihm (z.B. in einem Brief), worauf er in seinem Leben achten solle – ohne zu verraten, dass du seine Lebensgeschichte kennst.

D3 Umfahrungsstrasse oder Ausbau der Hauptstrasse?
Interessen vertreten (5.8/5.9)

Die mitten durch die kleine Gemeinde führende Hauptstrasse ist überlastet. Das Problem soll gelöst werden. Eine Expertenkommission hat dazu drei Varianten ausgearbeitet. An einer Gemeindeversammlung soll besprochen werden, welche Variante gebaut wird. Die Bevölkerung hat deshalb Kopien des Katasterplans* erhalten, in dem diese Varianten eingezeichnet sind.

*Im Katasterplan sind die Grenzen der Grundstücke eingezeichnet, und er enthält Angaben über die Gebäude und deren Nutzungsarten. Der Katasterplan dient als Grundlage für die Ortsplanung.

Varianten 1 und 3 **Bau einer Umfahrungsstrasse**
Variante 2 **Ausbau der Hauptstrasse**

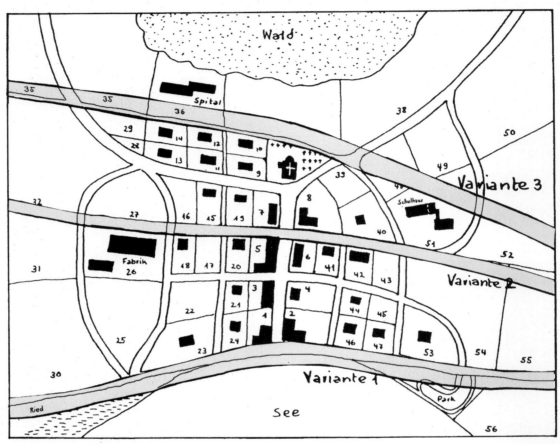

Nach: Sabe-Arbeitsmaterialien 7/8. Zürich 1986

1. Malt die Parzellen (Grundstücke) mit den folgenden Farben aus:
Dorfkernzone	braun	1–6, 8, 19–21, 24, 41
Einfamilienhauszone	gelb	22, 23, 39, 40, 42–47, 53
Mehrfamilienhauszone	rot	9–18, 28, 29, 50, 52, 54, 55
Zone des öffentlichen Interesses	grün	Kirche, 7, 36, 48, 49, 51, 56
Gewerbe- und Industriezone	violett	25–27, 30–32

2. Verteilt die Rollen, die auf der nächsten Seite beschrieben sind, unter euch.

3. Stellt euch gegenseitig vor.

4. Entscheide dich für eine Variante, die deiner Rolle entspricht.

5. Bildet Interessengemeinschaften (Gruppen von Gleichgesinnten) und besprecht, wie ihr eure Interessen an der Gemeindeversammlung vertreten wollt, wie ihr die anderen von der Richtigkeit eurer Variante überzeugen wollt.

6. Gemeindeversammlung: Ihr, die stimmberechtigten Bürger der Gemeinde, versucht, die richtige Variante festzulegen.

7. Nachbesprechung: Beurteilt den Verlauf der Entscheidungsfindung (Absprache in Interessengruppen, Verlauf der Gemeindeversammlung).

D4 Umfahrungsstrasse oder Ausbau der Hauptstrasse?
Interessen vertreten (5.8/5.9)

Mögliche Rollenverteilung

1 Schreiner
Wohnt in dem Gewerbehaus 1, wo er aufgewachsen ist. Er weiss, dass viele «Naturfreunde» finden, sein Betrieb sei fehl am Platz. Vor einigen Jahren übernahm er vom Bauunternehmer in einem Gegengeschäft den Block 13.

2 Bauunternehmer
Wohnt im Geschäftshaus 2, besitzt die Blöcke 10, 11 und 12 und das unbebaute Grundstück 55.

3 Lebensmittelhändlerin
Das nicht mehr ganz den heutigen Anforderungen entsprechende Geschäft befindet sich auf Parzelle 3. In den Mietwohnungen leben mehrheitlich Gastarbeiter.

4 Alte Frau
Obschon sie mit Angeboten überhäuft wird, will sie ihre Liegenschaft 4 nicht verkaufen.

5 Wirtin
Neben dem Restaurant 5 befindet sich ein Saal für etwa 300 Gäste; ausserdem sind 10 Zimmer mit total 18 Betten vorhanden. Die grosse Sorge der Wirtin sind die fehlenden Parkplätze.

6 Konfektionsgeschäft (Inhaber Mann und Frau)
Neben dem Geschäftshaus 6 gehört der Block 14 zum Besitz dieser Firma.

7 Kirchgemeinde
Das Pfarrhaus und das Pfarreiheim befinden sich auf dem Grundstück 7.

8 Metzger
Er besitzt das Geschäftshaus 8; zufriedene Kunden sind sein einziger Wunsch.

9 Bäckersfrau (Witwe)
Wohnt jetzt im Block 9, wo sie auch ihr Geschäft hat, nachdem sie früher am See war (Parzelle 24). Zurzeit hat sie das Landhaus vermietet, möchte aber bald das Geschäft ihrem Sohn übergeben und wieder dorthin ziehen.

10 Immobilienfirma
Sie ist Besitzerin der Parzellen 15, 16, 27, 42 und 43. Der Geschäftsführer wohnt im Landhaus 42.

11 Fabrikant
Er wohnt im Landhaus 23; er ist zudem Besitzer der Parzellen 17, 18, 22, 25 und 26.

12 Bäuerin A
Wohnt im Haus 19 und besitzt noch die Grundstücke 28, 29, 32 und 33, hat aber vor einigen Jahren, nach dem Tode ihres Mannes, den Betrieb aufgegeben und verpachtet das Land ihrem Nachbarn R. Ehemals gehörten ihr auch die Parzellen 9 bis 16 und 27.

13 Bauer B
Wohnt im Haus 20 und besitzt die Grundstücke 30 und 31. Die Einzonung erfolgte gegen seinen Willen. Er möchte Bauer bleiben und hat darum von seinen Nachbarn die Parzellen 25, 27, 32 und 33 gepachtet.

14 Lehrerin
Als die Bodenpreise noch tief waren, konnte sie die alte Liegenschaft 21 kaufen. Heute wäre ihr das kaum mehr möglich.

15 Spital
Neben der Parzelle 36 gehören zur Stiftung auch 35 und 37. Der hauptamtliche Spitalverwalter wohnt beim Metzger im Block 8.

16 Bäuerin C
Wohnt im behäbigen Bauernhof 40. Zu ihrem Besitz gehören die Grundstücke 38, 39, 50 und 52. Ihr Sohn und ihre Tochter besuchen die landwirtschaftliche Schule. Sie möchte darum Bäuerin bleiben und hat von der Spitalstiftung die Parzellen 35 und 37 gepachtet. Vor wenigen Jahren zwang man sie, der Gemeinde für den Schulhausbau die Parzellen 48, 49 und 51 zu verkaufen, ohne dass sie Realersatz erhielt.

17 Posthalterin
Schon ihr Grossvater führte die Post in der Liegenschaft 41.

18 Werkmeister
Arbeitet beim Fabrikanten und wohnt im Einfamilienhaus 44.

19 Bauer D
Wohnt im Bauernhaus 53 und besitzt die Bauparzellen 43 und 54. Er ist sehr offen eingestellt gegenüber Bauvorhaben, hat er doch schon die Parzellen 42, 44 bis 47 und 55 verkauft. Dass sein Betrieb nicht rentiert, stört ihn nicht. Er kann aus dem Vermögensertrag (verkauftes Land) gut leben.

20 Ärztin
Ist leitende Ärztin des Spitals und führt auch eine eigene Praxis (46).

21 Buchhalter
Wohnt im Haus 47. Er ist Angestellter beim Bauunternehmen.

22 Gemeindepräsident
Steuerberater beim Kanton, wohnt im Block 15.

23 Grafikerin
Arbeitet in der benachbarten Stadt; wohnt im Dachstock beim Bauern D.

24 Präsident des Naturschutzbundes
Arbeitet als Chemiker in der Stadt, wohnt im Haus 16.

25 Präsident des Mieterschutzverbandes
Kaufmännischer Angestellter, wohnt im Block 14.

26 Arbeiter
Arbeitet in der hiesigen Fabrik, wohnt im Block 10.

27 Verkäuferin
Arbeitet im Konfektionsgeschäft, wohnt bei der Lehrerin.

28 Krankenschwester
Arbeitet und wohnt im Spital.

Nach: Sabe-Arbeitsmaterialien 7/8. Zürich 1986

D5 Logicals I
Denksport

Ein Logical ist eine Art «Puzzle», das man mit logischem Überlegen löst. Es werden bestimmte Sachverhalte beschrieben, z.B. Grössenverhältnisse oder andere Zusammenhänge. Diese Angaben muss man untereinander vergleichen, damit man die Frage beantworten kann.

Bei jedem Logical stehen fünf Antwortmöglichkeiten, eine davon ist jeweils richtig.

1 Was ist am weitesten vom Haus entfernt?
Gleich hinter dem Haus liegt eine Blumenwiese. Von dieser Wiese aus gelangt man in ein Wäldchen, hinter dem ein Teich liegt, dessen Ufer von Schilfpflanzen gesäumt sind.

a) der Wald
b) die Strasse
c) der Teich
d) unbestimmt
e) die Wiese

2 Wohin muss Franz zuerst gehen?
Paula und Franz sitzen im Wohnzimmer vor dem Fernseher. Franz hat von den Nüsschen Durst bekommen und holt sich eine Dose Bier. Das Bier befindet sich in einem Karton. Von der Küche führt die Treppe in den Keller. Das Vorratsgestell steht im hinteren Kellerraum. Der Karton steht zuunterst im Gestell.

a) in den Keller
b) zum Vorratsgestell
c) zum Bierkarton
d) in die Küche
e) in den vorderen Kellerraum

3 Welches Buch ist das «mitteldicke»?
Auf einem Tablar eines grossen Büchergestells stehen nebeneinander ein rotes, ein grünes und ein schwarzes Buch unter vielen anderen. Das rote Buch ist sehr viel dicker als das grüne Buch, welches aber nur unwesentlich dünner ist als das graue Buch.

a) das grüne Buch
b) nicht bestimmbar
c) Das mitteldicke Buch ist rot.
d) Das mitteldicke Buch ist grau.
e) Das grüne und das rote Buch sind gleich dick.

4 Welche Farbe hat der hölzerne Würfel?
Auf einem Spieltisch liegen zwei unterschiedliche Würfel. Einer ist weiss, der andere grün. Ein Würfel ist aus Holz, der andere aus Kunststoff. Der grüne Würfel ist nicht aus Plastik.

a) weiss
b) unbestimmt
c) vielleicht rot
d) grün
e) Er ist hell, wie eben Holz aussieht.

5 Welcher Koffer ist am schwersten?
Drei Koffer sind unterschiedlich schwer. Der schwarze Stoffkoffer ist leichter als der graue und auch leichter als der braune Lederkoffer.

a) Der graue und der braune Koffer sind gleich schwer.
b) Der braune Koffer ist am schwersten.
c) Der schwarze Koffer ist am schwersten.
d) teilweise unbestimmt
e) Der graue Koffer ist am schwersten.

Weitere Logicals findest du zum Beispiel in: Josef Schachtler: Spielend denken 1 und 2. (Ingold-Verlag)

D6 Logicals II
Denksport

Bei jedem Logical stehen fünf Antwortmöglichkeiten, eine davon ist jeweils richtig.

1 Aus welchem Material ist die rechte Vase?
Ein Fensterbrett wird von drei schönen Vasen geschmückt. Eine Vase ist aus Glas, eine aus Ton und die dritte aus Porzellan. Die linke ist aus Glas, die mittlere ist nicht aus Porzellan.

a) Sie ist aus Glas.
b) Sie ist aus Keramik.
c) Sie ist aus Ton.
d) unbestimmt
e) Sie ist aus Porzellan.

2 Wo steht die Buche?
Vom Gartentor her zum Haus stehen entlang des Wegs fünf Bäume. Drei davon sind Tannen, ausserdem sind da noch eine Birke und eine Buche. Vom Gartentor aus stehen zwei Tannen hintereinander; der letzte Baum in Richtung Haus ist eine Birke; die Laubbäume stehen nicht nebeneinander.

a) unbestimmt
b) Sie steht als Zweite der Baumreihe.
c) Die Buche steht am Gartentor.
d) Die Buche steht in der Mitte der Reihe.
e) Die Buche steht als Vierte der Reihe.

3 Was ist Franz Bauer von Beruf?
Vier Freunde treffen sich jeweils am Donnerstagabend zum Kartenspiel. Es ist eine besondere Runde, denn zwei der Freunde haben nämlich nicht nur den gleichen Vornamen, sondern auch den gleichen Beruf. Franz Glaser ist Maler, Karl Schlosser ist Spengler und Otto Schlosser schliesslich ist Schreiner.

a) Spengler
b) Schreiner
c) Maler
d) Bauer
e) Glaser

4 Wie viele Leute waren mindestens im Saal?
In einem Bericht über ein Geburtstagsfest heisst es: «... am Schluss sassen wir mit unseren Freunden an einem Tisch im Saal, plauderten und schauten den tanzenden Paaren zu ...»

a) 6
b) 4
c) 11
d) 8
e) 10

5 Um welche Zeit kam Susi am Dienstag?
Heute kam Susi eine Stunde später zur Arbeit als gestern; vorgestern hingegen schon zwei Stunden früher als heute. Am Mittwoch kam sie um 10 Uhr. Morgen ist Freitag.

a) um 8 Uhr
b) um 10 Uhr
c) um 9 Uhr
d) um 11 Uhr
e) schon um 7 Uhr

D7 Zwei Knacknüsse
Denksport

So sah der Bösewicht aus:	**Zeugenaussagen**

Der Kommissar hatte seine liebe Not mit den Zeugen des Banküberfalls. Ihre Aussagen stimmten kaum überein. So erklärte der Kassier:
«Der Räuber war gross, hatte blondes Haar, einen blauen Anzug an und hielt mir eine Pistole vor die Nase und rief: ‹Hände hoch!›»

Hingegen gab der Geschäftsleiter zu Protokoll: «Der Räuber war gross, hatte braunes Haar, einen grünen Anzug, ein Gewehr in seinen Händen und sagte kein Wort.»

Die Kollegin des Kassiers sagte aus, der Räuber sei klein, habe schwarzes Haar und einen grauen Anzug. Er habe keine Waffe gehabt und auch nichts gesagt.

Ein Kunde erklärte, der Räuber sei klein gewesen. Er habe braune Augen. Er habe auch einen braunen Anzug getragen, eine Pistole in der Hand gehalten und «Hände hoch!» gerufen.

Das sagte er: _____

Schliesslich machte noch eine Kundin folgende Aussagen: «Der Räuber war gross. Haare hatte er keine. Sein Anzug war schwarz. Er hatte mit einem Gewehr herumgefuchtelt, aber nichts gesagt.»

Als später der Bösewicht gefasst worden war, stellte sich heraus, dass von den fünf Angaben eines jeden Zeugen zwei richtig und die übrigen falsch waren. Wer kann den Räuber zeichnen?

Christian Wesp

So geht das nicht!

Der Zirkusdirektor war grün vor Ärger. Der neue Wärter hatte sämtliche Tiere in die falschen Käfige gesteckt.

Im Löwenkäfig sass der Tiger. Der Gorilla hockte im Pantherkäfig. Der Panther war im Bärenzwinger. Der Löwe lief im Käfig des Gorillas hin und her. Der Bär brummte aus dem Tigerkäfig.

«Sofort bringen Sie die Tiere wieder in ihre eigenen Käfige», befahl der Direktor, «aber passen Sie auf, dass sich die Bestien nicht gegenseitig zerreissen. Auf keinen Fall dürfen zwei Tiere in einen Käfig gesperrt werden oder sich gleichzeitig im Vorraum befinden.»

In welcher Reihenfolge geht der Wärter vor, um diesen Befehl in möglichst wenigen Operationen ausführen zu können?

D8 Die Türe zur Freiheit
Denksport

Die Türe zur Freiheit

Ein König hat einen Feind gefangen, von dem er weiss, dass er ausserordentlich klug ist. Der grossmütige König will ihm nun die Möglichkeit geben, sich durch seine Klugheit die Freiheit wieder zu erwerben. Er führt seinen Gefangenen in einen Raum, der zwei von je einem Wächter bewachte Türen hat.
«Eine dieser Türen führt in die Freiheit, die andere in ein finsteres Verlies; einer der Wächter lügt immer, der andere sagt stets die Wahrheit. – Eine einzige Frage darfst du an einen der beiden Wächter stellen, er darf dir nur mit Ja oder Nein antworten.
Gelingt es dir, die zur Freiheit führende Türe zu finden, so bist du frei.»

Die drei Brüder

Die drei Brüder Anton, Bernd und Christian sind Sportler. Einer von ihnen spielt Eishockey, der andere Fussball und der dritte Tennis. Jeder von ihnen hat ausserdem eines der drei Hobbys: Briefmarkensammeln, Musizieren oder Kochen, und keine zwei der Brüder haben das gleiche Hobby. Anton spielt nicht Eishockey, Bernd spielt nicht Fussball, der Eishockeyspieler sammelt nicht Briefmarken, der Fussballspieler musiziert; Bernd hat kein Interesse am Kochen. Was spielt Christian, und welcher Liebhaberei frönt er?

Karten legen

Vier Spielkarten liegen in einer Reihe nebeneinander. Der König liegt näher bei der Dame als der Bube beim König. Der König liegt näher bei der Sieben als die Dame beim König.
Die Herz-Karte liegt näher bei der Karo-Karte als die Treff-Karte bei der Herz-Karte.
Die Herz-Karte liegt näher bei der Pik-Karte als die Karo-Karte beim Herz. Links neben dem Buben liegt Pik.
Weiche Karten liegen in welcher Reihenfolge nebeneinander?

Der Marsch durch die Wüste

Mit wie vielen Lastenträgern kommt ein Forschungsreisender aus, der einen Sechs-Tage-Marsch durch eine Sandwüste machen will, wenn sowohl er als auch jeder der Träger nur je vier Tagesportionen Nahrung und Wasser mitnehmen können?

D9 Sich etwas einprägen
Wahrnehmungsübungen

- Betrachte jede Darstellung während etwa einer Minute, decke dann die Vorlage zu und reproduziere die Darstellung im Feld daneben möglichst originalgetreu (mit den Texten).

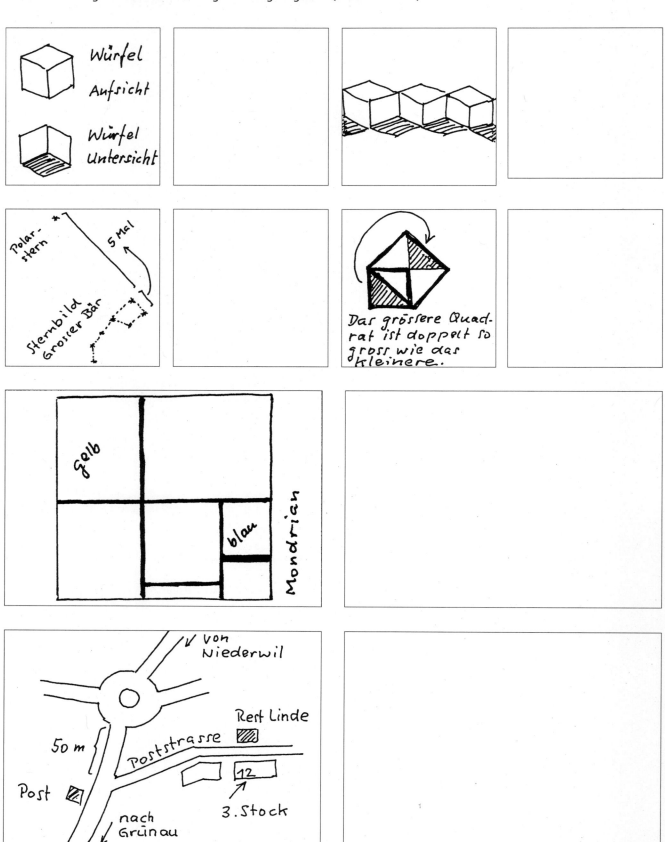

Wortlehre WL

Seite	Titel	Lernziel/Thema (Verweis auf Schülerbuch)
WL1 L	Wortarten	Begriffsrepetition
WL2 L	Zurück nach Oraibi	Zeitformen erkennen (4.9)
WL3 L	Das Fahrrad	Präsens und Präteritum (4.9)
WL4 L	Bristener Schutzdamm bewährt sich	Zeitformen erkennen (4.9)
WL5 L	Am Bahnhof	Zeitformen erkennen (Ü13, Ü14)
WL6 L	Im Wartezimmer	Zeitformen bilden (Ü13, Ü14)
WL7 L	Manchmal pfeifte der Schiedsrichter falsch	Verbformen bilden (V1–V5)
WL8 L	Stammformen bilden	Stammformen bilden (V1–V5)
WL9 L	Wenn wir Laurel und Hardy wären	Konjunktivformen (Ü15)
WL11 L	Die Vermarktung des Wildes	Passivformen bilden (8.1–8.4)
WL10	Aus der Fremde	Konjunktivformen im Dialog (Ü15)
WL12 L	Walter Weibel will Weibel werden	Passiv und Futur (8.1–8.4)
WL13 L	Aktiv – Passiv	Passivformen bilden
WL14 L	Zirkus in Flammen	Pronomensorten im Text (8.6–8.9)
WL15 L	Jeden Tag ein wenig	Pronomensorten im Text (8.6–8.9)
WL16 L	Unfallmeldung 1915	Präpositionen und Konjunktionen (Ü20)
WL17 L	Brosamen und Partikeln	Präpositionen und Konjunktionen (Ü20)
WL18 L	Durch die Blume	Präpositionen (Ü20)
WL19 L	Ein Mann von Wort	Konjunktionen (Ü20)
WL20 L	Die Nixe des Hüttensees	Partikeln und Adjektive (Ü20, 8.10/8.11)
WL21 L	Sollen Hunde fernsehen?	Adjektive im Text (8.9–8.11)
WL22 L	Titanic	Adjektive im Text (8.9–8.11)
WL23 L	Die flüsterleise Sensation	Adjektive im Werbetext (8.9–8.11)
WL24 L	Im Falle eines Falles	Fallformen bilden
WL25 L	Über dem Atlantik	Fallformen erkennen

WL1 Wortarten
Begriffsrepetition

- Füge die folgenden Begriffe an der passenden Stelle in das nachstehende Schema ein: Adjektive, Artikel, Hilfsverben, konjugierbare Wörter, Konjunktionen, Modalverben, Partikeln, Personalpronomen, Possessivpronomen, Präpositionen, Pronomen, Verben, veränderbare Wörter

- Bestimme in den beiden Texten:
  1. die <u>Nomen</u> und <u>Verben</u> (so unterstreichen)
  2. die **fett** gedruckten Wörter (am Rand mit den nachstehenden Abkürzungen bezeichnen)

  Hilfsverb: **HV**, Modalverb: **MV**, Adjektiv: **A.**

  Pronomen: **Pron., Pers., Poss., Dem., Art.**

  Partikel: **Part.**, Konjunktion: **Konj.**, Präposition: **Präp.**

Herr K. fährt Auto

Herr K. **hatte** gelernt, Auto zu fahren, fuhr **aber** noch nicht sehr **gut**. «Ich
5 habe **eben** erst gelernt, **ein** Auto zu fahren», entschuldigte **er** sich. «Man **muss** aber zweie fahren **können**, nämlich
10 auch noch das Auto **vor** dem **eigenen**. Nur wenn man beobachtet, **welches** die Fahrverhältnisse **für** **das** Auto sind, das vor
15 einem fährt, und **seine** Hindernisse beurteilt, **so** weiss man, wie man **in** Bezug auf **dieses** Auto fahren **muss**.

Bertolt Brecht

Zwei Fahrer

Ich kenne **einen** Fahrer, der die Verkehrsregeln gut kennt, einhält **und** für sich zu nutzen weiss. Er versteht **es** geschickt,
5 vorzupreschen, dann **wieder** eine regelmässige Geschwindigkeit zu halten, **seinen** Motor zu schonen, **und** so findet er vorsichtig und kühn seinen Weg **zwischen** den anderen Fahrzeugen. Ein **anderer**
10 Fahrer, **den** ich kenne, geht anders vor. Mehr als **an** seinem Weg ist er interessiert am **gesamten** Verkehr und fühlt sich nur als ein Teilchen davon. Er nimmt **seine** Rechte **nicht** wahr und tut sich nicht
15 **persönlich** besonders hervor: Er fährt im Geist mit dem Wagen **hinter** ihm, mit einem **ständigen** Vergnügen an dem Vorwärtskommen aller Wagen und **der** Fussgänger **dazu**.

Bertolt Brecht

WL2 Zurück nach Oraibi
Zeitformen erkennen (4.9)

- Eine junge Indianerfrau war jahrelang in der Stadt zur Ausbildung und fährt nun nach Hause zurück in ihr Dorf, ein Dorf der Hopi-Indianer. Lies den Text, bevor du mit den einzelnen Aufgaben beginnst.
- Überlege: Welche Zeiten im Leben der Indianerfrau (früher, jetzt, später) kommen in diesem Text zur Sprache?
- Unterstreiche alle Wörter bzw. Ausdrücke, die etwas mit Zeit zu tun haben.
- Übermale die verbalen Teile der Sätze blau.
- Bestimme die Zeitformen, in der die verbalen Teile stehen, und markiere sie in der Tabelle.

Zurück nach Oraibi

Vier Jahre sind eine lange Zeit. Und doch, wenn ich jetzt nach Hause komme[1], wird dort alles so sein[2], wie ich es in Erinnerung habe[3]. Nein, nicht alles. Ich werde meine neue Schwester sehen, die in der Zwischenzeit geboren wurde. Mein älterer Bruder, der so viele
5 Jahre krank war[1], wird nicht mehr auf seinem Lager am Herd liegen. Er ist in das Land des Geistes eingegangen.
Meine Eltern sind vom Kliff hinunter ins Tal gezogen.
Und nördlich von Oraibi ist eine neue Missionsstation gebaut worden.
All das weiss ich aus den Briefen, die der Missionar für meinen
10 Vater geschrieben hat. Und viele von meinen früheren Freundinnen haben inzwischen geheiratet[1]. Sie haben[2] Kinder und liegen[3] den halben Tag auf den Knien, um den Mais für ihre Familien zu mahlen. Daran mag ich nicht denken.
Aber die Kachinas* werden tanzen wie in jedem Jahr. Die Männer
15 werden ihre Schafe und Esel versorgen, frühmorgens mit ihren Hacken zu den Feldern wandern. Bao-hai! Bao-hai-hiii! und das Echo wird ihre Rufe zurückwerfen. Sie werden beten und in der brennenden Julisonne ihren Mais pflegen, während die Frauen sich die Krüge umhängen und das Wasser von der Quelle ins Dorf hinaufschleppen.
20 Vier Jahre lang bin ich satt gewesen[1], in Kalifornien. Es gab[2] Orangen, Kartoffeln, Gemüse und Reis. Manchmal gab es Fleisch. Und jetzt fahre ich nach Oraibi, wo der Vorrat spärlich und der Hunger gross sein wird[1] wie in jenem Jahr, als ich den Kachinas folgen wollte[2]. Die Tänze hatten keinen Regen gebracht. Die Erwachsenen
25 glaubten, dass bei den geheimen Zeremonien unter der Erde Fehler vorgekommen waren[1]. Jedenfalls begann[2] der Mais zu vertrocknen, bevor er ausreifen konnte. Die Speicher waren fast leer. Die Sonne brannte vom Himmel, und wir Kinder spielten im Schatten der Steinhäuser mit unseren Puppen. Sie trugen im Sommer
30 keine Kleider. «Die Puppenkinder haben[1] Hunger», sagten[2] meine Freundinnen. Dann füllten wir unsere Tonscherben mit feinem Sand und ein paar Kieseln, damit auch Fleisch dabei war, und gaben den Kindern zu essen.

Aus: H. Johansen: Zurück nach Oraibi. Zürich 1986/1995
* Kachinas sind Tänzer, welche die Regengeister beschwören.

Präsens	Futur I	Perfekt	Präteritum	Plusquamperfekt

WL3 Das Fahrrad
Präsens und Präteritum (4.9)

- Setze die passenden Verbformen (des Präsens oder Präteritums) in den Text ein. Welche der beiden Zeitformen zu wählen ist, merkt man aus dem Textzusammenhang.

Das Fahrrad _____ es erst seit knapp zwei Jahrhunderten.	geben
Zwar _____ bereits die alten Griechen so etwas wie einen	kennen
Muskelkraftwagen, der allerdings kriegerischen Zwecken _____.	dienen
Es _____ eine Art Belagerungsmaschine. Aber _____ wir von	sein, absehen
5 diesen antiken Pedal-Experimenten _____, so _____ man den	können
Freiherrn von Drais als den Erfinder des Fahrrades bezeichnen,	
und der _____ zu Beginn des letzten Jahrhunderts. Seine	leben
«Draisine» _____ durch kräftiges Abstossen vorwärts getrieben,	werden
die Räder _____ keine Gummibereifung, der Sattel keine Federung,	haben
10 bei den steinigen Strassen der damaligen Zeit _____ das eine	sein
Tortur. Und so _____ der geniale Erfinder glücklos. Nicht zur Ruhe	bleiben
aber _____ seine Idee: Viele mehr oder weniger kluge Köpfe	kommen
_____ das Prinzip des fahrenden Stuhls in unzähligen	abwandeln
Varianten _____. Da _____ es das Hochrad, ein teures Vehikel	geben
15 für die gehobenen Schichten, ein Status-Symbol der damaligen Zeit.	
Da _____ es das Tandem, Zwei-, Drei- und Vierräder, unzählige	geben
Varianten von Antriebstechniken, Radgrössen, Bereifungen und	
Federungen. Bis das Fahrrad eben das _____, was es heute _____:	werden, sein
die umweltfreundliche, energiesparende, saubere, leise und	
20 gesunde Art, sich fortzubewegen. Und eine der schnellsten dazu.	
Schneller als das Auto! Sie _____ mir nicht? Und doch _____	glauben, sein
es so. Ein kluger Kopf _____ _____, dass das Auto, wenn	ausrechnen
man die Arbeitsstunden für dessen Anschaffung und die Arbeitsstunden für	
Unterhalt und Betrieb _____, sehr langsam _____.	mitrechnen, sein
25 Das Auto _____ nur gerade acht Kilometer in der Stunde,	schaffen
während es das Fahrrad nach der gleichen Rechnung auf fünfzehn Kilometer	
in der Stunde bringt. Trotzdem _____ das Fahrrad während	geraten
des grossen Autobooms fast in Vergessenheit. Es _____ den	brauchen
Erdölschock der frühen Siebzigerjahre, um den Menschen	
30 wieder in den Sattel des Zweirades zu bringen.	

Aus: G. Peregrin: Per Rad Genf-Schaffhausen

WL4 Bristener Schutzdamm bewährt sich
Zeitformen erkennen (4.9)

- Übermale die verbalen Teile im Text blau.
- Bestimme die im Text nummerierten Zeitformen.
- Unterstreiche alle weiteren Zeitangaben im Text.

Bristener Schutzdamm bewährt sich

-n. Mit ohrenbetäubendem Krachen donnerte (1) in der Nacht zum Sonntag in Bristen ein 20 Kubikmeter grosser Gesteinskoloss aus dem Felssturzgebiet zu Tal. Er wurde durch den letztes Jahr erstellten Schutzdamm
5 aufgefangen (2), richtete im darunter liegenden Wohngebiet somit keinen Schaden an (3). Wie sich herausstellte (4), hatte sich der Fels infolge des Wärmeeinbruchs selbstständig gemacht (5). Im Anschluss an dieses Vorkommnis wurden im
10 Bereich des Felssturzes am Fusse der kleinen Windgälle Nachmessungen vorgenommen (6). Hier hatten sich im vergangenen Jahr bekanntlich bereits grosse Gesteinsmassen gelöst (7) und waren in die Tiefe gestürzt (8).
15 Diese Nachmessungen zeigten (9), dass sich seit vergangenem Spätherbst keinerlei Verschiebungen mehr ergeben hatten (10). Die Lage hat sich also seither stabilisiert (11). Gestern wurde ein zusätzlicher Kontrollgang ins Anriss-
20 gebiet unternommen (12), und man hat darüber beraten (13), wie vier weitere mächtige Gesteinsbrocken, welche noch vom grossen Absturz herrühren (14), aber hängen geblieben waren (15), unschädlich gemacht werden könnten.
25 Man hat ins Auge gefasst (16), die bis zu 30 Kubikmeter mächtigen Gesteinsmassen anzubohren und zu sprengen, sodass auch von ihnen keine Gefahr mehr ausgehen kann (17).

In: Vaterland, April 1984

Zeitform

1 _____

2 *Präteritum* (Passiv)
3 _____
4 _____
5 _____

6 _____

7 _____
8 _____
9 _____

10 _____
11 _____

12 _____ (Passiv)
13 _____
14 _____
15 _____

16 _____

17 _____

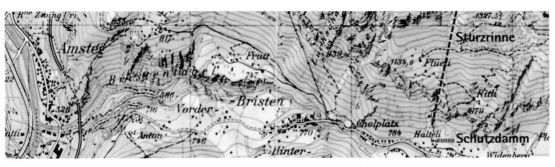

Ausschnitt:
Landeskarte Amsteg
Reproduziert
mit Bewilligung des
Bundesamtes für
Landestopographie
(BA4656)

61 Welt der Wörter 2

WL5 Am Bahnhof
Zeitformen erkennen (Ü13, Ü14)

- Unterstreiche die verbalen Teile der Sätze.
- Schreibe die Zeitform auf die Linie neben dem Satz.

Was man am Bahnhof hören kann

1 «Hält dieser Zug in Ilanz?» _____
2 «Ich habe das auf der Abfahrtstafel gesehen.» _____
3 «Ich werde den Kaffee im Zug trinken.» _____
4 «Ich hatte eigentlich nicht mitkommen wollen.» _____
5 «Hast du die Identitätskarte dabei?» _____
6 «Sie hat gerade nachgeschaut.» _____
7 «Hast du den gesehen?» _____
8 «Bis Rom werde ich den Krimi gelesen haben.» _____
9 «Himmel, wo ist Röbi?» _____
10 «Der Zug nach Lausanne hat fünf Minuten Verspätung.» _____
11 «Ich habe die Tasche im Schliessfach deponiert.» _____
12 «Was hattest du dir dabei nur gedacht?» _____
13 «Hol mir noch schnell die Times, bitte.» _____
14 «Das hatte ich total vergessen.» _____
15 «Ich wollte mir noch ein Sandwich besorgen.» _____
16 «Werden wir umsteigen müssen?» _____
17 «Hast du die Adresse des Hotels?» _____
18 «Gestern war die Wetterprognose noch gut gewesen.» _____
19 «Ich werde drei Wochen bleiben.» _____
20 «Sie hatten uns schon vor drei Jahren einmal eingeladen.» _____
21 «Das wird aber ein teurer Spass werden.» _____
22 «Wir werden schon nach zehn Minuten umsteigen müssen.» _____
23 «Ich hatte diese Reise schon als Kind machen wollen.» _____
24 «Das letzte Mal hatten Meiers die Katze gefüttert.» _____
25 «Das ist gerade eben angekündigt worden.» _____
26 «Ich werde immer an dich denken!» _____
27 «Das musste jetzt einfach einmal gesagt werden!» _____
28 «Wer wird denn deswegen gleich sauer werden?» _____
29 «Hast du Fensterplätze erhalten?» _____
30 «Die Anzeigen sind gerade eben ausgetauscht worden.» _____

WL6 Im Wartezimmer
Zeitformen bilden (Ü13, Ü14)

Schreibe die Sätze in der angegebenen Zeitform auf und unterstreiche die verbalen Teile.

Was man im Wartezimmer hören kann

1. **Futur I:** mir schon bald den Gips abnehmen
   «Der Arzt _____.»

2. **Perfekt:** sie anstecken
   «Der Kleine _____.»

3. **Präteritum:** zum Glück nicht operiert werden müssen
   «Der Bruch _____.»

4. **Plusquamperfekt:** auch Ärztin werden wollen
   «Ich _____.»

5. **Plusquamperfekt:** schon letztes Mal lang warten müssen
   «Wir _____.»

6. **Präteritum:** schon vorher als guter Chirurg bekannt sein
   «Er _____.»

7. **Futur II:** dich nicht richtig verstehen
   «Er _____.»

8. **Futur I:** doch nicht etwa ernsthaft krank werden
   «Du _____?»

9. **Präteritum:** zwei Monate nicht arbeiten dürfen
   «Sie _____.»

10. **Futur II:** wieder einmal zu viel trinken
    «Er _____.»

11. **Perfekt:** schon einmal deswegen untersucht werden
    «Ich _____.»

12. **Futur I:** eine Woche lang im Spital bleiben müssen
    «Ich _____.»
    _____.»

13. **Präteritum:** im Universitätsspital geröntgt werden
    Sie _____.»

14. **Präsens:** diese Illustrierte nicht lesen wollen
    «Nein danke. Ich _____.»

15. **Plusquamperfekt:** diese Impfung völlig vergessen
    «Ich _____.»

WL7 Manchmal pfeifte der Schiedsrichter falsch
Verbformen bilden (V1–V5)

Es gibt zwei Typen von Verben: regelmässig gebildete (konjugierte) und unregelmässige:

	Infinitiv	Präteritum	Partizip II
Typ 1	machen	mach**te**	gemach**t**
	(regelmässige Konjugation: Endungen -te, -t)		
Typ 2	singen	sang	gesungen
	(unregelmässige Konjugation)		

Fehler wie der im Titel entstehen, wenn ein Verb des Typs 2 nach Typ 1 konjugiert wird. Das kann bei uns nicht geläufigen Verben vorkommen, weil es viel mehr Verben vom Typ 1 gibt. Einige «Typ-2-Verben» sind im Lauf der Zeit sogar zum Typ 1 «übergetreten»: Buk die Mutter früher einen Kuchen, so sagt man heute, dass sie einen Kuchen backte.

- Teste an den folgenden Beispielen, ob du in diesem Bereich «sattelfest» bist. Schau in Zweifelsfällen im Verbenverzeichnis oder im Rechtschreibe-Duden nach.

1 abpfeifen: Der Schiedsrichter hat das Spiel eben _____.

2 bitten: Habe ich dich jemals um einen Gefallen _____?
Wir _____ ihn doch schon letztes Jahr darum.

3 empfehlen: Jetzt _____ du schon wieder etwas anderes.
Sehen wir uns den Film an, den sie uns _____ hat?

4 heben: Sie bückte sich und _____ die Münze auf.

5 denken: Schade, dass niemand daran _____ hatte.

6 erschrecken: Er _____ die anderen immer wieder und freute sich, wenn sie so richtig _____.

7 hängen: Als sie heimkam, _____ sie zuerst den Mantel an den Kleiderbügel, der an der Garderobe _____.

8 niesen: Er war fürchterlich erkältet, hustete und _____ ständig.

9 lügen: Baron von Münchhausen _____ wie gedruckt.

10 fliegen: Dieses Flugzeug ist schneller als das andere _____.

11 bestreiten: Der Angeklagte _____ alle ihm vorgeworfenen Vergehen.

12 stinken: Nach der Renovierung _____ es überall nach frischer Farbe.

13 senden: Cäsar _____ eine Botschaft an sein Heer.
Hast du verstanden, was sie eben _____ haben?

14 betrügen: Man sagt, er habe seine Firma um viel Geld _____.

15 abgrenzen: Sie findet es wichtig, dass du dich klar von ihm _____.

16 (ab-)wenden: Sie _____ sich von ihm ab und schwieg.
Er bremste heftig, _____ den Wagen und fuhr zurück.

17 schmelzen: Das Eis ist mittlerweile vollständig _____.
Gestern _____ sie das Eis am Türschloss mit einem Spray.

18 schleifen: Er hat seinen Mantel achtlos hinter sich _____.
An diesem Werkstück _____ und feilten sie stundenlang.

19 bersten: Nach dem Dauerregen _____ mehrere Dämme.
Aber dieses wichtige Teilstück ist nicht _____.

20 (an-)fechten: Er hat dieses Urteil nicht _____.

WL8 Stammformen bilden
Stammformen bilden (V1–V5)

#	Infinitiv	Präteritum	Partizip II
1	kreischen		
2	salzen	salzte	
3	ringen		
4			gestorben
5	saufen		
6	quellen		
7		verdarb	
8	rinnen		
9		schaffte	
10		schuf	
11	triefen		
12	spalten		
13		sann	
14	spinnen		
15			gebogen
16			erbleicht
17	binden		
18			genesen
19	leihen		
20	glimmen		
21	erlöschen		
22		löschte	
23	trinken		
24	hinken		
25			getreten
26	stieben		
27			verziehen
28		wuchs	
29	preisen		
30	biegen		
31		überzog	
32		überzeugte	
33	waschen		
34	saugen		
35		betete	

- Ihr könnt euch auch gegenseitig testen: Einer sagt einen Infinitiv aus dem Verbenverzeichnis, der andere fügt dann die beiden anderen Stammformen hinzu. (Präteritum, Partizip II).

WL9 Wenn wir Laurel und Hardy wären
Konjunktivformen (Ü15)

Keystone

Stan Laurel und Oliver Hardy – auch «Dick und Doof» genannt – waren ein berühmtes Komikerpaar der Stummfilmzeit. Was sie auch anfassten, ging schief, weil sie sich ständig in die Quere kamen. Für die Missgeschicke machte jeder den anderen verantwortlich und zahlte ihm unverzüglich mit gleicher Münze zurück.

Indirekte Rede im Konjunktiv I:
Die indirekte Rede steht im Konjunktiv I. Wenn Konjunktiv I und Indikativ gleich lauten, verwendet man Konjunktiv II.

Vorgestelltes im Konjunktiv II:
Gedachtes, nur Vorgestelltes steht im Konjunktiv II. Wenn eine Form des Konjunktivs II veraltet ist, verwendet man die «würde-Form»*.

- Setze die Konjunktivformen im Text ein (→ Ü15, V1–V6). Verzichte (wie der Verfasser) auf die «würde-Formen».

Ich wollte von Peter, der eine grosse Beule am Kopf hatte, wissen, was mit ihm los (sein) _____. Er erklärte mir, seine Freundin Paula und er (haben) _____ gestern eine Stufe übersehen und (sein) _____ beide gleichzeitig hingefallen. Paula (haben) _____ ihn gefragt, ob er gut (liegen) _____.
5 Dann (sein) _____ sie beide in schallendes Gelächter ausgebrochen. Paula (haben) _____ gerufen, das (sein) _____ ja wie im Film, wie bei Laurel und Hardy. Da (haben) _____ er gedacht, diese «Filmpremiere» (müssen) _____ sie feiern. Er habe Paula vorgeschlagen, sie (können) _____ bei ihr zuhause eine Omelette jurassienne
10 zubereiten, da sie beide leidenschaftlich gern (kochen) _____. Peter erzählte mir, dass Paula und er sich beim Kochen vorgestellt (haben) _____, sie (sein) _____ Laurel und Hardy, und sie (haben) _____ sich ausgemalt, was ihnen alles (zustossen) _____, und gemeint, daraus (ergeben) _____ sich fast ein Film.

Hier Peters «Eierszene à la Laurel und Hardy»:

«Ein Ei pro Person.» Ich reichte Paula den Karton mit den sechs Eiern vom Tablar über dem Kochherd herab. Vorsichtig, denn bei solchen Dingen ist Vorsicht durchaus am Platz. Ein Ei (fallen) _____ nun aus dem Karton.
5 «Platsch!», (bersten) _____ es auf meinem Kopf. Während die schleimige Masse über mein frisch schamponiertes Haar (herabrinnen) _____, (heben) _____ ich verdrossen die Hand zum Scheitel und (spüren) _____ die Bescherung an den Fingerspitzen. «Paula, du Schuft! Na warte: Wie du mir, so ich dir!» Diese Parole (helfen)
10 _____ mir. Ich (laden) _____ sie ein, das grösste, schönste Ei aus dem Karton auszuwählen, ihr Lieblingsei. Jenes, das sie am liebsten (essen) _____. Ich (bitten) _____ sie, es mir zu geben, und (wiegen) _____ es demonstrativ in meiner Hand. Dann (beginnen) _____ ich, Paulas Kopf herausfordernd lange zu betrachten. Was
15 dann (geschehen) _____, (gleichen) _____ einer besonders berühmten Szene: Ich (zerschmettern) _____ das Ei auf ihrem Scheitel. Der Inhalt (quellen) _____ aus der geborstenen Schale und (fliessen) _____ über Paulas Haar. Ich (geniessen) _____ den Anblick. «Du siehst schön aus!», (lügen) _____ ich.
20 Paula (gehen) _____ im Zustand höchster Erregtheit auf mich zu. Weil sie aber, des Dotters wegen, der über ihr Gesicht (rinnen) _____, ihre Augen (schliessen) _____, (sehen) _____ sie nicht, dass der Karton in der Hitze des Gefechts zu Boden gefallen (sein) _____ und die Eier dort eine matschige Sauce (bilden) _____. Jetzt
25 (gleiten) _____ sie auf dieser glitschigen Masse aus und (verheddern) _____ sich beim Sturz im Vorhang des Vorratsgestells. Krachend (stürzen) _____ das Gestell zu Boden. Überall verstreut (liegen) _____ Kohlköpfe, Gurken, Spaghetti, Salate, Suppenbeutel und Maggi-Würze herum. Paula (winden) _____ sich am Boden, ich aber
30 (helfen) _____ ihr mit gespielter Hilfsbereitschaft wieder auf die Beine. Sie (reiben) _____ sich die schmerzenden Glieder und (widerstehen) _____ meinem vorwurfsvollen Blick. Ich (können) _____ ob ihrer Ungeschicklichkeit nur den Kopf schütteln. Dies aber (lassen) _____ sie sich nicht gefallen. Und so (schliessen) _____
35 sich die nächste, äusserst dramatische Filmszene an.

Nach Peter K. Wehrli

WL10 Aus der Fremde
Konjunktivformen im Dialog (Ü15)

**erste szene –
abend: er, sie**

1
sie: ob er   (beide sitzend)
noch was
essen wolle

2
er: ob sie
auch tatsächlich
satt sei

3
das verderbliche   (er hinaus tür A;
werde er hinaus   sogleich zurück)
in kühlschrank tun

4
sie: das geschirr
werde sie
rasch noch abwaschen

5
er: er werde das
auch gern
selber tun

6
sie: sie wolle un-
reines
nicht zurücklassen

7
er: man könne ja   (beide an servierwagen;
mit dem wägelchen   sie damit hinaus tür A)
alles mal hinausschaffen

8
er hätte   (off-stage: lärm vom
es nachher   abwaschen)
schon selber getan

9
sie: sie sei   (zurück tür A,
aber schon   setzt sich)
fertig damit

10
er: alles
tue sie immer
so rasch

So beginnt Ernst Jandls Stück «Aus der Fremde», das er eine «Sprechoper in 7 Szenen» nennt.

- Lest den Text laut.

Jandl sagt zur Sprechweise, in der seine Sprechoper aufgeführt werden solle: «Die Stimmen bewegen sich mehr oder weniger an der Grenze zum Singen, ohne Gesang tatsächlich zu erreichen (Rezitativ). Dabei ist jedoch darauf zu achten, dass Verständlichkeit und Eindringlichkeit des Textes gewahrt bleiben. Die Stimmen sind markant gegeneinander zu kontrastieren. Für das Sprechen bilden die dreizeiligen Gruppen und innerhalb dieser die Einzelzeilen rhythmische Einheiten. Die drei Sprecher haben Freiheit bei der Improvisation der Stimmführung, die das Gesagte jeweils noch verdeutlichen soll, ...»

- Welche Merkmale zeichnen die eigenwillige sprachliche Form dieses Redens aus?
- Wie könnte die Szene weitergehen? Versucht den Dialog in der gleichen Weise fortzusetzen.

WL11 Die Vermarktung des erlegten Wildes
Passivformen bilden (8.1–8.4)

- Unterstreiche die aktiven Verbformen.
- Setze die passiven Formen im Text ein.

Die Vermarktung des erlegten Wildes

In den Gebirgskantonen geht die Hochjagd ihrem Ende entgegen. Die
Beute der Jäger _____ total _____. Nicht nur   vermarkten
das Fleisch der Hirsche, Gämsen, Rehe und Murmeltiere _____   verwerten
_____, sondern aus dem erlegten Wild _____   gewinnen
5 Schmuck, Teppiche, Trophäen und Leder _____. Es gibt
kaum ein Organ, das nicht für etwas gut ist und von einer breit
gefächerten «Jagdbeute-Industrie» _____. Wer als   aufkaufen
Nichtjäger von der Jagd spricht, denkt wohl in erster Linie an die leckeren
Sachen, die auf den Tischen landen. Doch was unter den Kugeln der Hoch-
10 wildjäger fällt, _____ weiter _____. In der   ausbeuten
Pelzzurichterei stapeln sich die Felle. Die Felle _____ je nach verarbeiten
Qualität der Ware und Wunsch der Kunden zu Wandschmuck, Teppichen
oder Leder _____. Ein Hirschfell erfordert 15 Arbeits-
gänge, bis es dem Besitzer nach vier bis fünf Wochen _____   zurückschicken können
15 _____ _____ _____. Aus der Jagdbeute
_____ bei der Firma Zahnd im letzten Jahr die Häute von   verarbeiten
1400 Murmeltieren, je 300 Steinböcken und Hirschen sowie 800 Gämsen
_____. «Nach dem Bettag geht es hier los», sagt ein
Tierpräparator in der Churer Altstadt. Bei ihm _____ die Jagd- herrichten
20 trophäen _____. Die Köpfe der Wildtiere _____ ausstopfen, trennen
entweder _____ oder vom Fleisch _____
und das Gehörn _____ _____, um später in den   montieren
Stuben der Jäger vom Jagdglück zu künden. Die Montage eines Hirsch-
geweihs kommt auf etwa 100 Franken zu stehen, ein ganzer Hirschkopf kostet
25 zwischen 800 und 900 Franken. Ein 75-jähriger ehemaliger Sekundarlehrer
aus Frümsen im St. Galler Rheintal ist Abnehmer von Harnblasen der Hirsch-
tiere. Er kauft sie für 12 bis 16 Franken den Jägern ab. Sein Inserattext in
Jagdpublikationen: «Beim Ausweiden des erlegten Hirschtiers _____ herausnehmen
die Harnblase _____. Sie _____
30 _____, dann mit Luft _____, bis die   entleeren, aufblasen
Haut gespannt ist, und zum Trocknen _____. Die   aufhängen
gut getrocknete Blase _____ uns _____   zusenden können
_____.» Die Harnblasen _____ an Gärtner und Land-   verkaufen
wirte, die biologischen Landbau betreiben, _____. Sie
35 _____ mit Schafgarbe (eine früher geschätzte Heilpflanze)   füllen, vergraben
_____ und im Herbst in der Erde _____.
Im Frühjahr _____ die Hirschblasen _____   ausgraben, beigeben
und zusammen mit Eichenrinde, Baldrian, Löwenzahn, Brennnesseln und
Kamillen dem Kompost _____. Das führt dazu, dass der
40 Kompost besser verrottet.

Nach einem Zeitungsbericht von C. Bieler, Chur.

WL12 Walter Weibel will Weibel werden
Passiv und Futur unterscheiden (8.1–8.4)

	Präsens	Futur	Aktiv	Passiv
1 In Vordemwald wird ein Gemeindeweibel gesucht.	/			/
2 Wer wird sich bewerben?		/	/	
3 Wer wird gewählt werden?				
4 Wer wird wohl Weibel werden?				
5 Herr Weibel denkt: «Ich werde mich bewerben,				
6 die werden mich schon wählen.»				
7 Walter Weibel bewirbt sich.				
8 Plötzlich wird er unsicher:				
9 «Es wird noch andere Bewerber geben.»				
10 «Kopf hoch, Walter, du wirst es schon schaffen,				
11 die Gemeinde wird dich schon wählen.»				
12 «Wir werdens ja sehen.»				
13 «Am Sonntag wird Walter Weibel werden,				
14 ich wette eine Runde darauf.»				
15 Schon im Voraus wird auf Walters Wohl getrunken.				
16 «Ihr werdet es noch bedauern.»				
17 Am Sonntag wird Walter Weibel tatsächlich gewählt.				
18 «Warum strahlst du nicht, Walter Weibel?	Perfekt			
19 Hast du nicht Weibel werden wollen?»				
20 «Jetzt, wo ich Weibel bin,				
21 kann ich nicht mehr Weibel werden wollen.»	/			

So wird das **Futur** gebildet:
Hilfsverb werden + Infinitiv

So wird das **Passiv** gebildet:
Hilfsverb werden + Partizip II

WL13 Aktiv – Passiv
Passivformen bilden (8.1–8.4)

- Setze die folgenden Sätze ins Passiv. Achte darauf, dass die Zeitform bei der Umwandlung nicht verändert wird. Lass den «Täter» im Passiv weg.

1 Die Fans bewundern den Sänger.   Zeitform: _____

2 Peter hilft dem Verletzten.   Zeitform: _____

3 Die Leute in der Druckerei arbeiten Tag und Nacht.   Zeitform: _____

4 Sie hat eben die Tür geöffnet.   Zeitform: _____

5 Der Maler hat diese Wand frisch gestrichen.   Zeitform: _____

6 Sie hat ihre Eltern ins Vertrauen gezogen.   Zeitform: _____

7 Die Arbeiter haben den Müll abtransportiert.   Zeitform: _____

8 Diese Meldungen haben uns verunsichert.   Zeitform: _____

9 Man hat seinem Gesuch entsprochen.   Zeitform: _____

10 Die Bauern konnten alles Heu rechtzeitig einbringen.   Zeitform: _____

- Setze die folgenden Sätze ins Passiv und nenne den «Täter» auch im Passiv:

11 Die Gemeinde feierte den Schwingerkönig.   Zeitform: _____

12 Sie hatte alle Aufgaben richtig gelöst.   Zeitform: _____

13 Sie hatten die Stadt sofort verlassen.   Zeitform: _____

14 Der Arzt wird den Patienten untersuchen.   Zeitform: _____

15 Der Präsident wird die Ausstellung eröffnen.   Zeitform: _____

16 Der Pannendienst wird das Auto abschleppen.   Zeitform: _____

WL14 Zirkus in Flammen
Pronomensorten im Text erkennen (8.6–8.8)

Die Pronomen sind mengenmässig eine «kleine» Wortart, spielen aber bei der Verständigung eine sehr wichtige Rolle: Sie stellen Beziehungen her, vertreten andere Wörter oder verweisen darauf.

- Unterstreiche im nachstehenden Text alle Pronomen orange. Dann wird sichtbar, wie gross der Anteil der Pronomen im Text ist.
- Schreibe über die Pronomen der oben genannten Pronomensorten die passende Abkürzung:
Pers. – Poss. – Art. – Dem. – Rel.

Pronomen: _____ oder _____ des Nomens.
Übertrage aus Ü17 die Nominativformen der folgenden Pronomensorten:

Personalpronomen: _____

Possessivpronomen: _____

Artikel: _____

Demonstrativpronomen: _____

Relativpronomen: _____

Ein Zirkus, der am Rande eines Dorfes sein Zelt aufgeschlagen hatte, brach in Flammen aus. Die Artisten, die sich gerade für ihre Nummer herrichteten, begannen alsbald, das Feuer zu bekämpfen, und der Direktor schickte den Clown
5 ins Dorf, um Hilfe zu holen gegen das Feuer, das nicht nur seinen Zirkus, sondern auch das Dorf zu zerstören drohte. Der Clown, der bereits angemalt und kostümiert war, rannte Hals über Kopf auf den Dorfplatz und schrie allen zu, der Zirkus brenne, sie sollten kommen und helfen,
10 das Feuer zu löschen. Die Dorfbewohner lachten und applaudierten diesem neuen Trick, sie in die Vorstellung zu locken. Der Clown flehte und schrie, dies sei ein Notfall, es werde keine Vorstellung geben, sie müssten ihr Dorf schützen, das in tödlicher Gefahr sei. Je heftiger seine Be-
15 teuerungen wurden, desto mehr lachten die Dörfler, bis das Feuer auf ihre Felder sprang und sich im Dorf ausbreitete. Bis die Feuerwehr bereit war, standen jene Häuser bereits in Flammen, die sich in der Nähe des Zirkus befanden.

Nach W. Hoffsümmer: Kurzgeschichten 1. Mainz 1996

WL15 Jeden Tag ein wenig
Pronomen im Text erkennen (8.6–8.8)

- Unterstreiche in den nachstehenden Texten die Pronomen orange (→ Ü17).
- Bezeichne die Pronomen dieser Pronomensorten, indem du die Abkürzung darüber schreibst:
  Personalpronomen: Pers.
  Possessivpronomen: Poss.
  Artikel: Art.
  Demonstrativpronomen: Dem.
  Relativpronomen: Rel.

Jeden Tag ein wenig

Kenny Smith hatte sieben Minuten Pause zwischen seinen Fahrten als Strassenbahnführer. Der grosse Platz, auf dem seine Fahrt endete, war mit dickem Gestrüpp bewachsen. Smith beschloss, seine sieben freien Minuten diesem Platz
5 zu widmen. Am Ende jeder Fahrt arbeitete er und rodete ein Stück des Gestrüpps. Allmählich verwandelte er den Platz, der eine Schande gewesen war, in einen Garten, in dem Eichen und Pappeln, Blumen und weiche Rasenflächen, durch welche Kieswege führten, zum Verweilen einluden.

Drei Arbeiter

Als man das Münster zu Freiburg baute, fragte man drei Steinmetzen nach ihrer Arbeit. Der erste sass und haute Quader zurecht für die Mauern der Wand. «Was machst du da?» – «Ich haue Steine», antwortete er. Der zweite mühte sich um das Rund einer kleinen
5 Säule für das Blendwerk, das die Türe schmückte. Auch dem stellte man dieselbe Frage. Er antwortete: «Ich verdiene Geld für meine Familie.» Der dritte bückte sich über das Ornament einer Kreuzblume für den Fensterbogen, welcher sich halbfertig über ihm erhob. Dieser Mann antwortete auf die gleiche Frage stolz, er baue am Dom.

Nach W. Hoffsümmer: Kurzgeschichten 1. Mainz 1996

WL 16 Unfallmeldung 1915
Partikeln, Präpositionen, Konjunktionen (Ü20)

Samstagvormittag um zirka ½ 11 Uhr ereignete sich am Utoquai zwischen dem alten Tonhalleplatz und der Dampfbootwartehalle Theater ein Unfall, der wieder einmal recht deutlich zeigt, wie sorglos sich das
5 Publikum beim Überschreiten der Strasse zu benehmen pflegt. Auf dem Trottoir längs dem Tonhalleplatz schritt auf dem Randstein, Richtung Bellevue, ein Passant. In gleicher Richtung Bellevue kam hinter ihm her, in mässigem Tempo und rechts der Strasse fahrend,
10 ein Radfahrer. Dieser hatte von der Absicht des vor ihm auf dem Trottoir gehenden Passanten, im nächsten Moment das Trottoir zu verlassen und die Strasse gegen den See hin zu überschreiten, natürlich keine Ahnung und daher auch keine Veranlassung,
15 vorzeitig zu hupen.
So kam es zu einem Zusammenprall, durch den der Passant, ein junger Geschäftsausläufer, zu Boden geworfen, nicht aber vom Velo überfahren wurde. Er blieb mit gebrochenem Bein liegen. Im Warte-
20 häuschen der Dampfbootstation leistete ihm ein zufällig anwesender Militärsanitätssoldat in Zivil die erste sachgemässe Hilfe, worauf bald die städtische Sanität mit dem Krankenautomobil erschien, um den Verunfallten nach Anlegung eines Schienenverbandes
25 in das Spital zu transportieren.
Die Schuld an dem Unfall kann nicht dem Velofahrer, sondern muss einer Verkettung unglücklicher Umstände zugewiesen werden. Immerhin kann dem Verunfallten der Vorwurf nicht erspart werden,
30 dass er beim Überschreiten der Strasse nicht diejenige Vorsicht walten liess, zu der jeder Passant im eigenen Interesse verpflichtet ist. Das Publikum vergisst immer und immer wieder, dass die Strasse eben nicht für den Personen-, sondern in erster Linie für den
35 Fahrzeugverkehr bestimmt ist.

Partikeln
Partikeln nennt man die unveränderlichen Wörter.

Besondere Partikeln sind die Präpositionen und die Konjunktionen:

Präpositionen (Vorwörter)
Präpositionen verlangen vom zugeordneten Ausdruck einen bestimmten Fall:
seit zwei Stunden (Dativ)
mangels Leuten (Genitiv)

Konjunktionen (Bindewörter)
Konjunktionen verbinden Wörter, Satzglieder, Teilsätze und Sätze.

- Übermale im Text alle Partikeln grün.
- Unterstreiche die Präpositionen und die Konjunktionen.
- Schreibe eine kurze Zeitungsmeldung zum Unfall aus dem Jahre 1915 so, wie das heute üblich ist. Deine Meldung soll als Vorlage für weitere Übungen dienen. Erstelle also auch eine Lösung, auf der die Partikeln, Präpositionen und Konjunktionen in deinem Text markiert sind.

WL17 Brosamen und Partikeln
Konjunktionen und Präpositionen erkennen (Ü20)

- Lies die nachstehende «moderne» Form des Märchens von Hänsel und Gretel. Allerdings musst du dabei auch noch die fehlenden Partikeln aus der Auswahl am Rand herausfinden und im Text einsetzen.
- Übermale nun alle Partikeln im Text grün.
- Unterstreiche schliesslich die Präpositionen einfach, die Konjunktionen doppelt.

Die Eltern *von* Hänsel *und* Gretel waren so arme Holzhackersleut, _____ sie ihre Kinder nicht mehr ernähren konnten. Deshalb führten sie sie mitten in den Wald hinein, um sie dort ihrem Schicksal zu überlassen.

Hänsel _____ hatte das bemerkt und unterwegs weisse Kieselsteine zu Boden fallen lassen. _____ es nun Nacht geworden war und der Mond aufging, leuchteten die Kiesel wie neugeschlagene Batzen _____ seinem Schein und zeigten den Kindern den Weg nach Hause.

Nicht lange danach aber war wieder die Not da, und die armen Eltern führten die Kinder aufs Neue _____ den Wald. Diesmal hatte Hänsel keine Kiesel bei sich, _____ nur das letzte Stück Brot. Das zerbröckelte er langsam und liess die Brocken unterwegs zu Boden fallen.

_____ nun der Mond aufging, wollte er zusammen mit Gretel den Bröcklein entlang nach Hause gehen. _____ die vieltausend Vöglein des Waldes hatten die Brotspur aufgepickt, _____ die Kinder verirrten sich zum Hexenhaus.

Heute ist dieses Märchen kürzer geworden. _____ da keine vieltausend Vöglein mehr da sind, bleiben die Brotbröcklein liegen _____ werden nicht aufgepickt, und die Kinder finden wieder heim. Was aber geschieht jetzt _____ dem Hexenhaus?

H. Schneider

Präpositionen, Konjunktionen

als, wegen, weil, damit, dass, denn

zumal, jedoch, aber, wohingegen, sofern

ohne dass, während, als, wie, solange

über, wegen, trotz, ohne, in, unter

durch, hinter, in, gegen, aus, vor

wenngleich, aber, sondern, jedoch

weil, sobald, wenn, als, nachdem, obwohl

obschon, jedoch, aber, da, damit

aber, doch, denn, weil, und, wenn auch

nachdem, obschon, wenngleich, denn

sondern, sofern, weil, und, aber

an, neben, hinter, unter, über, mit, bei

WL18 Durch die Blume
Präpositionen (Ü20)

Präpositionen in Redewendungen

- In den nachstehenden Redewendungen fehlt die Präposition. Setze sie ein.
- Erkläre auch die Bedeutung dieser Redewendungen. Hilfe findest du im Duden 11 (Redewendungen) oder in einem ähnlichen Wörterbuch.

1 _____ die Blume sagen
2 _____ der Schule plaudern
3 _____ allen Wassern gewaschen sein
4 _____ grossem Fuss leben
5 _____ dick und dünn gehen
6 _____ die Finger schauen
7 _____ den heissen Brei herumreden
8 _____ dem Mond sein
9 _____ einer Decke stecken
10 _____ den sauren Apfel beissen
11 _____ die Hunde gehen
12 _____ dem Hund sein
13 _____ die Zähne beissen

14 _____ die Haube kommen
15 _____ der Haut fahren
16 _____ den Kopf wachsen
17 _____ den Schoss fallen
18 _____ die leichte Schulter nehmen
19 _____ die Räder geraten
20 _____ die Pfanne hauen
21 _____ den Daumen peilen
22 _____ den Kakao ziehen
23 _____ die Binsen gehen
24 _____ den Wölfen heulen
25 _____ den Putz hauen
26 _____ der Tinte sitzen

Präpositionen, die den Genitiv verlangen

- Unterstreiche die Präposition und setze den eingeklammerten Ausdruck im Genitiv ein.

1 Oberhalb (das Dorf) _____ steht eine schöne Kapelle.
2 Diese Rede hielt sie anlässlich (die Einweihung) _____ unseres Schulhauses.
3 Infolge (das schlechte Wetter) _____ fiel der Ausflug aus.
4 Trotz* (die Kälte) _____ will sie heute draussen arbeiten.
5 Während* (unser Aufenthalt) _____ besichtigten wir die Altstadt.
6 Kann statt* (sie) _____ vielleicht ihre Schwester mitkommen?
7 Jenseits (der Fluss) _____ ist das Gelände unwegsam.
8 Mangels (eindeutige Beweise) _____ wurde er freigesprochen.
9 Angesichts (der Preis) _____ verzichte ich auf die Anschaffung.
10 Ausserhalb (die Geschäftszeiten) _____ ist das unmöglich.

*Diese Präpositionen können auch mit Dativ verwendet werden.

- Wie sagen wir diese Sätze in der Mundart?

WL19 Ein Mann von Wort
Konjunktionen (Ü20)

1 Ein Mann von Wort

Als Nasreddin älter wurde hatte er nicht gern wenn man ihn nach seinem Alter fragte Weil es ihm nicht gelang mit ausweichenden Antworten die Leute vom aufdringlichen Fragen abzuhalten entschloss er sich künftig sechzig Jahre alt zu sein und dabei blieb er Wenn einer kam und meinte Aber Hodscha das habt ihr schon letztes Jahr und viele Jahre vorher behauptet entgegnete er würdevoll Ich bin ein Mann von Wort Ich bleibe bei dem was ich einmal gesagt habe

- Überklammere die Teilsätze.
- Übermale die Konjunktionen grün.
- Setze die Satzzeichen.

2 Vorsichtig sein

Am frühen Nachmittag begab sich Nasreddin in das Haus einer einflussreichen Persönlichkeit, _____ er sollte diese um einen Beitrag für das Wohltätigkeitsfest bitten, das er veranstalten wollte. Der Diener erklärte ihm, _____ sein Herr weggegangen sei. _____ Hodscha hatte gesehen, _____ der vornehme Mann ihn hinter einem Fenster des ersten Stockes beobachtet hatte. «Ich bitte dich, richte deinem Herrn meine Verehrung aus _____ sage ihm, _____ ich ihn sprechen wollte. _____ erinnere ihn auch daran, _____ er das nächste Mal, _____ er wieder fortgeht, seinen Kopf nicht am Fenster vergessen möge.»

- Setze die im Text ausgesparten Konjunktionen ein:
  aber, aber, dass, dass, dass, denn, und, wenn, wie

3 Fragt den Esel

Gewöhnlich ritt Nasreddin friedlich im Schritt auf seinem Esel dahin _____ dieser eines Morgens plötzlich anfing zu galoppieren _____ wie ein Pfeil durch die Gegend flog _____ er diesen Esel ritt war ihm solches noch nie widerfahren Der Esel war nicht zu gemächlicher Gangart zu bewegen _____ Nasreddin es mehrmals mit gütlichen Worten versuchte Zudem war Hodscha nicht mehr so beweglich und bei Kräften _____ er es in seiner Jugend gewesen war _____ er sich der Laune des Tieres fügen musste _____ sie auf die Hauptstrasse gelangten begegneten sie vielen Spaziergängern die von Nasreddin wissen wollten wohin es ihn in solcher Eile triebe Diesen antwortete er mit der Gegenfrage _____ sie nicht lieber seinen Esel fragen möchten _____ dieser endlich stillehalten würde

- Setze die im Text ausgesparten Konjunktionen ein:
  als, ob, obwohl, seit, sobald, sodass, und, und, wenn, wie
- Setze die Satzzeichen.

Texte nach J. P. Garnier (Hrsg.): Nasreddin Hodscha, der türkische Till Eulenspiegel

Die Nixe des Hüttensees

In dem züricherischen Dorfe Hütten lebte einmal
ein schöner Jüngling mit dunklem Haar, aber hellen,
blauen Augen und frischem Mund. Er war der
schönste und beste Knabe weit und breit, und wo
er auf der Chilbi erschien, wünschte ihn jedes
Mädchen zum Tänzer und noch viel lieber zum Gatten
für das ganze Leben. Der Jüngling aber achtete
der schönsten und reichsten Mädchen nicht. Ernst und
gleichgültig wechselte er Tänzerin um Tänzerin.
Die Nixe im Hüttensee war ihm im Traume erschienen,
und so schön wie sie war keines der Mädchen der
Gegend. Sie liebte er, die er doch niemals zu gewinnen
hoffen durfte.
Sooft er konnte, warf er sich in sein aus einem
mächtigen Eichenstamm gezimmertes* Schiffchen und
ruderte auf dem kleinen Gewässer hin und her.
Als er einmal das Boot auf dem glatten Spiegel hintreiben
liess, ergriff er plötzlich eine weisse Rose,
welche er an seiner Brust trug, und warf sie als Liebespfand
in den See. Da teilten sich die Wellen in
der Nähe seines Bootes und ein schönes Mädchen im
leichten grünlichen Gewande der Nixen stieg empor.
Es öffnete die Arme und rief mit wohltönender Stimme:
«Komm hinab zur Braut in die Flut!» Freudig sprang
der Jüngling in den See, und die Wellen schlossen sich
sanft murmelnd über seinem Haupte.
Man sah ihn nie wieder und nie fand man seinen
Leichnam. Der See aber, in den er die weisse
Rose geworfen hatte, bedeckte sich fortan jeden
Sommer mit weissen Seerosen, welche aus
dem Garten des Nixenschlosses emporwuchsen.

Aus: R. Waldmann (Hrsg.): Die Schweiz in ihren Märchen und Heldengeschichten. Köln 1983

- Unterstreiche die Präpositionen und Konjunktionen in diesem Text mit grüner Farbe.
- Übermale die Adjektive gelb.

WL21 Sollen Hunde fernsehen?
Adjektive im Text (8.9–8.11)

– Lies nachstehenden Text zuerst aufmerksam. Loriot, unter anderem «Vater» von «Wuff und Wendelin» und Gestalter von zahllosen Fernsehsendungen, macht sich Gedanken über eine Zeitfrage. Er verwendet dabei nicht wenige Adjektive, die du alle erkennen können solltest. Unterstreiche sie im Text.

Sollen Hunde fernsehen?

Es häufen sich die Fälle, in denen Hunde nach mehrstündigem abendlichem Fernsehen schlecht einschlafen, schwer träumen oder tagelang stottern. Hier liegen zweifellos ernst zu nehmende seelische Störungen vor, an denen man nicht länger achtlos vorübergehen darf.

Die Programme der Fernsehanstalten sind in der Regel besser geeignet für mittelgrosse, langhaarige Hunde als für kleinere, kurzhaarige. Dicke Hunde wiederum neigen erfahrungsgemäss zu politischen und allgemein bildenden Beiträgen, während dünne sich mehr von Unterhaltungssendungen angesprochen fühlen. Das heisst jedoch nicht, dass nicht auch gelegentlich grosse dicke, kurzhaarige oder kleine dicke, langhaarige Hunde Freude an Sendungen für kleine lange, kurzhaarige und kurze dicke, langhaarige haben können.

Leider sind in den Programmzeitschriften die Sendungen hinsichtlich ihrer Eignung für unsere vierbeinigen Freunde noch nicht deutlich genug gekennzeichnet. Es muss also vorerst noch dem Gutdünken des Hundehalters überlassen bleiben, ob er dem Drängen des Tiers zu täglichem Fernsehgenuss nachgibt oder nicht. Grundsätzlich ist jedoch zu warnen vor Filmen brutaler oder anstössiger Art. Robuste Hunde reagieren mit Kopfschmerzen, zartere mit Schwerhörigkeit und hartem Stuhl.

Abzuraten ist ferner von der Anschaffung eines Zweitgeräts für den Hundeplatz. Das Tier vereinsamt und spricht im Schlaf. Auch politische Sendungen sind oft ungeeignet. Ein Düsseldorfer Bernhardiner litt nach der Übertragung einer Bundestagssitzung zwei Wochen unter Schwindel und Schluckauf.

Zusammengefasst kann gesagt werden: Kleine dicke oder grosse lange Hunde und kleine dünne, langhaarige oder dicke, kurzhaarige sollten nicht nach 21 Uhr, langohrige dicke, kurzohrige dünne Hunde zwischen zwei und acht Jahren nur unter ärztlicher Aufsicht fernsehen.

Loriot

Loriot

WL22 Titanic
Adjektive im Text (8.9–8.11)

Adjektive in einer Chronik

15. April 1912. Eine Viertelstunde vor Mitternacht erschüttert ein dumpfer Stoss die «Titanic», den grössten Passagierdampfer der Welt. Die «Titanic» ist auf der Jungfernfahrt von Southampton nach New York. Sie ist am 10. April gestartet und hat die beste Chance, das Blaue Band, den Preis für die
5 schnellste Nordatlantikpassage, zu gewinnen. Kapitän Smith hat daher die kürzere Sommerroute gewählt, die die Schiffe um diese Zeit normalerweise wegen der Eisberggefahr meiden. Aber die «Titanic» gilt als unsinkbar, sie hat doppelte Schiffsböden. So fährt sie mit Volldampf durch das Eisbergfeld des Nordatlantiks. 150 Kilometer ist sie nur noch von der Küste
10 Neufundlands entfernt. Am Morgen des 16. April soll das superschnelle Schiff in New York eintreffen. Ein dumpfer Schlag zerstört alle Planung. Mit dem Bug ist der 269 Meter lange Luxusdampfer gegen einen Eisberg geprallt.

Aus: Chronik des 20. Jahrhunderts

- Untersuche die Wirkung der Adjektive in den drei sehr unterschiedlichen Texten.
- Übermale die Adjektive gelb.
- Unterstreiche die Komparative und die Superlative.

Adjektive in einem literarischen Prosatext

Und nun schiebt es sich aus dem Westen heran, hohe Türme zuerst, weisse Säulen von Dampf, und darunter missfarbiges Gewölk, ein Knäuel von riesigen Schlangen, die sich winden und wälzen und ihre grauen Leiber blähen. Anfangs liegt die Wetterwolke niedrig und breit auf den Bergen,
5 aber im Näherkommen zeigt sie den trächtigen Bauch, sie bäumt sich hoch auf und schleift ihr langes Regenhaar hinter sich her durch das ganze Tal. Ein gewaltiges Untier ist sie, das mit trägen Gliedern durch die Weite des Himmels stampft. Blitze zucken aus ihrer Flanke, flackern und züngeln über die bläuliche Haut der Wolke, andere fahren leuchtend nieder und
10 pflanzen sich wie feurige Bäume mitten hinein in den rauchenden Wald.

Aus: K. H. Waggerl: Das Gewitter

- Übermale in dieser Beschreibung die Adjektive mit gelber Farbe.
- Lies den Text ohne Adjektive: Was ist anders? Wie wirkt er auf dich ohne diese Wörter? Wie gefällt er dir besser?

Adjektive in einem Gedicht

Des Sängers Fluch *(Anfang des Gedichts)*

Es stand in alten Zeiten ein Schloss so hoch und hehr,
weit glänzt' es über die Lande bis an das blaue Meer,
und rings von duftgen Gärten ein blütenreicher Kranz,
drin sprangen frische Blumen in Regenbogenglanz.

L. Uhland (ganzes Gedicht im Gedichtbuch)

- Übermale die Adjektive auch in der ersten Strophe dieses Gedichts mit gelber Farbe.
- Welche Erwartungen weckt dieser Gedichtanfang? Wie stellst du dir die Fortsetzung vor?

WL23 Die flüsterleise Sensation
Adjektive im Werbetext (Ü20, 8.9–8.11)

Werbefachleute verwenden verschiedene Ausdrucksmittel: Bilder, Farben, Sprache, grafische Gestaltung, Typografie (Schriftbild) usw. Der Werbetexter macht mit den Mitteln der Sprache Werbung für ein Produkt.

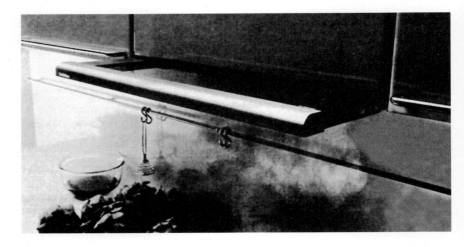

Die flüsterleise Sensation!

Superflach, extrem lüftungsstark und so leise, dass man sie glatt überhören kann – das ist die neueste Küchenabzugshaube von «Gaggenau». Sie ist Star eines Lüftungsgeräte-Programms, das in seiner Vielfalt und in seinem technischen Standard als einzigartig gilt.

Gaggenau ist mit der Geschichte moderner Kücheneinbaugeräte untrennbar verbunden, vor allem mit der Entwicklung der Lüftungstechnik für den Haushalt. Bereits die ersten Kücheneinbaugeräte, die in Europa auf den Markt kamen, und die auf unserem Kontinent meistverkauften Küchenabzugshauben haben den Namen «Gaggenau» getragen.

Ein neues Wunderwerk der Lüftungstechnik
Die neue Küchenabzugshaube Gaggenau 250 sieht nicht nur ungewöhnlich aus – sie ist es! Ihr superflacher Schwadenschirm mit einem Einsatz aus gehärtetem Glas wird zum Gebrauch unter dem Oberschrank herausgezogen – und danach wieder bündig eingeschoben. Nur die schlanke Griffleiste bleibt dann sichtbar.

Die gleichmässige Ausleuchtung des darunter liegenden Kochzentrums wird durch eine integrierte Beleuchtung garantiert.

Die flüsterleise Sensation
Die eigentliche Sensation aber steckt im Inneren dieser völlig neuartigen Konstruktion: die geballte Kraft von zwei elektronisch gesteuerten Lüftermotoren. Sie entwickeln bei einem geradezu unglaublich niedrigen Geräuschpegel und geringem Energieverbrauch eine extrem kraftvolle Lüftungsleistung. Das ist das fantastische Ergebnis jahrelanger Forschungs- und Entwicklungsarbeit!

Ein Kraftpaket mit Leistungsspeicher
Drei Leistungsstufen und eine Intensivstufe gehorchen dem Fingerdruck auf die an der Seite angebrachten Bedienungstasten. Wird der Schwadenschirm eingeschoben, schaltet sich die Küchenabzugshaube ab – speichert aber die vorher gewählte Leistungsstufe, um nach dem Herausziehen mit gleicher Kraft weiterzuarbeiten. Die Intensivstufe schaltet sich nach fünf Minuten Betriebszeit automatisch aus.

Leichte Pflege durch Filterkontrollanzeige
Eine Blinkleuchte erinnert an den fälligen Fettfilter-Wechseltermin. Der praktische Filter lässt sich zum Säubern ganz einfach herausziehen. Die neue, superflache Küchenabzugshaube Gaggenau 250 wird in Breiten von 55, 60 und 90 cm geliefert. Sie ist den Schranktiefen anzupassen. Das Gerät ist so konstruiert, dass es mit wenigen Handgriffen montiert werden kann. Auch nachträglich – in bestehende Küchen!

Die revolutionierend neue Küchenabzugshaube Gaggenau 250 ist nur ein Beispiel aus dem grossen Gaggenau-Programm der Einbaugeräte! Diese modernen Apparate sind ganz nach Wunsch und Bedarf miteinander zu kombinieren; sie bilden stets eine stilistische Einheit und bieten alles, was man heute von Kücheneinbaugeräten der Spitzenklasse wünscht: optimale Gebrauchsvorteile und die schlichte Schönheit der funktionellen Formen. Informieren Sie sich gründlich! Denn bedenken Sie: Eine Küche ist so gut wie die Geräte, die darin eingebaut sind.

- Eine besondere Rolle spielen in diesem Werbetext die Adjektive. Hebe sie mit gelber Farbe im Text hervor.

- Selbst werbetexten: Wähle ein Produkt, das du kennst und von dem du auch ein Bild hast, und gestalte einen Werbetext dazu.

WL24 Im Falle eines Falles
Fallformen bilden

Setze die Ausdrücke im richtigen Fall ein und markiere die Fallform in der Tabelle.

Fallform

N	A	D	G

1. Ein häufiger Fallfehler besteht darin, dass man statt _____ _____ verwendet.
   - ein Nominativ
   - ein Akkusativ

2. Wie kann man herausfinden, ob an einer bestimmten Stelle _____ oder _____ stehen muss, wenn _____ das Sprachgefühl im Stich lässt?
   - ein Nominativ
   - ein Akkusativ
   - einer

3. Man kann _____ fragen oder in _____ nachsehen.
   - ein anderer
   - ein Wörterbuch

4. Es gibt noch eine weitere Möglichkeit, wie man herausfinden kann, _____ man nehmen muss: Man stellt fest, welcher Ausdruck oder welches Wort _____ verlangt.
   - welcher Fall
   - dieser Fall

5. Ein Beispiel: _____ nenne ich einen Lügner. Frage: _____ nenne ich einen Lügner? Hier verlangt also _____ den Fall.
   - dieser Mann
   - wer
   - das Verb

6. Unterstreiche nun in den folgenden Sätzen _____ _____, das den Fall _____ bestimmt.
   - jenes Wort
   - der eingesetzte Ausdruck

7. _____ kann man nicht leicht überlisten.
   - ein alter Fuchs

8. Rufe unbedingt _____ an.
   - ein Arzt

9. Man betrachtete _____ als Täter, bemerkte _____ aber bald.
   - ein Unschuldiger
   - der Irrtum

10. Hier prallte das Auto gegen _____; zum Glück gab es _____.
    - der Baum
    - kein Verletzter

11. Ich entsinne mich _____.
    - dieser Unfall

12. Es schneite damals heftig und du sagtest, es sei _____ für Autospengler.
    - ein toller Tag

13. Ich werde dir _____ schicken.
    - ein Brief

14. Die Beispiele zeigen: _____ kann man vermeiden, wenn _____ klar ist, welches Wort _____ bestimmt.
    - ein Fallfehler
    - einer
    - dieser Fall

15. Wer hat _____ für jene Leute, _____ die Fälle Mühe machen?
    - ein Tipp
    - welche

81 Welt der Wörter 2

WL25 Über dem Atlantik
Fallformen erkennen

- Markiere den Fall der kursiv gedruckten Ausdrücke in der Tabelle gemäss Beispiel.

Über dem Atlantik

Mein Blick wandert über *das Instrumentenbrett* hin und zurück. Der Bordmechaniker ist an der Eintragung *der stündlichen Ablesungen* für das Logbuch. Es ist still im Flugdeck; jeder ist intensiv mit *seiner Arbeit* beschäftigt. Das gleichmässige, stundenlange Dröhnen *der Motoren*, das zwar gedämpft, aber doch deutlich in das Cockpit dringt, scheint
5 *diese Stille*₁ noch zu vertiefen. Weshalb eigentlich? Vielleicht weil *es*₂ in kaum zugänglicher Tiefe des Unterbewusstseins Beruhigung bedeutet? – Beruhigung *der allgegenwärtigen Sorgen* um *einen planmässigen, störungsfreien Flugverlauf!* Ja, solange dieses Dröhnen in *seiner Gleichförmigkeit* anhält, ermöglicht es *uns* ruhige, altvertraute Arbeit und gibt *uns* das Gefühl, auf *hoher Bahn* sicher dahinzuziehen. Jeder Misston aber, jede unerwartete
10 Bewegung eines der zahllosen Zeiger versetzt uns schlagartig in *einen Zustand* höchster Bereitschaft: Blitzschnell jagen die Gedanken *der Ursache* nach, blitzschnell folgen sich *Kommandos und Handgriffe*₁, und gleichzeitig arbeitet sich das Hirn *dem Flug*₂ voraus, disponiert, überprüft und entscheidet. Meist sind es *kleinere Störungen*, die sich leicht beheben lassen, selten, dass *ein Triebwerk* stillgelegt werden muss. Dann aber, wenn alles vorbei ist,
15 legt sich vorn im Cockpit ein rückwärts gewendeter Kopf *ans Fenster* und der Blick, der prüfend über *Motoren und Flügel* geht, mag die schwarze Nacht um uns gewahren. Und für einen Augenblick empfinden *wir*₁ die Leere *des Raumes*₂ über uns und unter uns, fühlen uns in *diesem einen Augenblick* etwas einsam. Dann melden sich sofort wieder die Ansprüche *der Arbeit*₁ und man ist glücklich, durch *das kleine Intermezzo*₂ wieder hellwach und
20 quicklebendig geworden zu sein.

*Die Müdigkeit*₁ wird lästig, gut, dass es etwas zu tun gibt. Gander hat *unserem Ersuchen*₂, bei Capelin einfliegen zu dürfen, stattgegeben; das liegt günstiger bei *unserer Windrichtung* und lässt uns *einige Minuten* gewinnen. Das Wetterschiff «Bravo» liegt vierzig Meilen vor uns, leicht südlich *unseres Kurses*₁. Ich schalte den Wetterradar auf *die 50-Meilen-Reichweite*₂.

T. Schwarzenbach, Flugkapitän

Fallform

N	A	D	G
	A		

Satzlehre SL

Seite		Titel	Lernziel/Thema (Verweis auf Schülerbuch)
SL1	L	Wolf, Geisslein und Teilsätze	Satzbau und Satzzeichen (2.8)
SL2	L	Rotkäppchen und Teilsätzchen	Satzbau und Satzzeichen (2.8)
SL3	L	Die nachdenklichen Hühner	Satzlehre (2.8, 2.12)
SL4	L	Automacho	Zusammengezogene Teilsätze (2.9)
SL5	L	Die Stachelschweine	Verbale Teile, Satzglieder, Subjekt (2.12)
SL6	L	Formvollendet	Subjekt und Objekte (2.12)
SL7	L	Ferien im Büro I	Verbale Teile und Satzglieder (2.12)
SL8	L	Ferien im Büro II	Verbale Teile und Satzglieder (2.12)
SL9	L	Kreuz und quer durch Wort- und Satzlehre	Begriffsrepetition
SL10		Kreuz und quer durch Wort- und Satzlehre	Legende
SL11	L	Rex jagt	Satzverknüpfung

SL1 Wolf, Geisslein und Teilsätze
Satzbau und Satzzeichen (2.8)

Eine Geiss hatte sieben Junge die sie gar lieb hatte als sie eines Tages Futter holen musste sagte sie zu ihnen passt auf dass euch der Wolf nicht frisst macht niemandem auf der eine tiefe Stimme hat das hörte der Wolf und der dachte nach wie er es anstellen konnte die sieben Geisslein zu fressen

endlich ging er zum Krämer und verlangte Kreide um seine Stimme fein zu machen als er das erste Stück hinuntergeschluckt hatte sprach er probehalber vor sich hin guten Tag liebe Geisslein ich bin eure Mammi macht mir auf aber statt einer feinen Stimme war nur ein heiseres Krächzen zu hören wütend frass er eine zweite Kreide und eine dritte und eine vierte und nach jeder versuchte er seine Stimme fein zu machen aber nichts war zu hören als ein Husten und Spucken verzweifelt frass er die ganze Schachtel auf es nützte nichts seine Stimme wurde nicht fein

verdammt sprach da der Wolf ich habe Katarr und aus dem Märchen von den sieben Geisslein wird nichts die Luft ist so schlecht und voller Abgase dass keine Kreide etwas nützt und wütend frass er den Kreideeimer auf

H. Schneider

Altes und neues Märchen

Ein altes Märchen – neu geschrieben: Worin unterscheidet sich die Variante vom Original?

Zeichensetzung

- Setze die fehlenden Satzzeichen im Text ein (→ Ü25 – Ü28). Schreibe den Anfangsbuchstaben des Worts nach einem Satzendzeichen gross.

Satzlehre

- Überklammere die Teilsätze.
- Unterstreiche die zusammengezogenen Teilsätze.
- Markiere die einfachen Sätze mit einer Farbe.
- Unterstreiche die Satzfragmente doppelt.

Nico

SL2 Rotkäppchen und Teilsätzchen
Satzbau und Satzzeichen (2.8/2.9)

Es war einmal eine süsse kleine Dirn die hiess Rotkäppchen Eines Tages sprach die Mutter zu ihm da hast du ein Stück Kuchen und eine Bouteille Wein die bring zur
5 Grossmutter hinaus in den Wald sei hübsch artig und lauf nicht vom Weg ab sonst fällst du und zerbrichst das Glas
Rotkäppchen machte sich also auf den Weg und unterwegs begegnete es dem Wolf der
10 sprach hör Rotkäppchen hast du die schönen Blumen nicht gesehen die im Wald stehen warum guckst du nicht einmal um dich ich glaube du hörst gar nicht darauf wie die Vöglein lieblich singen und es ist so lustig
15 draussen im Wald
sag einmal du alter Knacker antwortete ihm Rotkäppchen aus welcher Zeit kommst du eigentlich mit dem Märchen vom Wald ist es aus kein Vöglein singt mehr lieblich und
20 der Boden ist ausgelaugt und kahl deshalb schaue ich weder nach rechts noch nach links sondern gehe schnurgerade zur Oma
und so geschah es Rotkäppchen brachte der Grossmutter Kuchen und Wein gemeinsam
25 assen und tranken sie und schauten dann einen Krimi im Fernseher der Wolf aber der keinen Fernseher hatte hängte sich vor Wut an einen dürren Baum

H. Schneider

Altes und neues Märchen

Das alte Märchen und die Variante sind ähnlich. Welches sind die Unterschiede?

Zeichensetzung

- Setze die fehlenden Satzzeichen im Text ein (→ Ü25–Ü28). Schreibe den Anfangsbuchstaben des Worts nach einem Satzendzeichen gross.

Satzlehre

- Überklammere die Teilsätze.
- Unterstreiche die zusammengezogenen Teilsätze.
- Markiere die einfachen Sätze mit einer Farbe.
- Unterstreiche die Satzfragmente doppelt.

SL3 Die nachdenklichen Hühner
Satzlehre (2.8, 2.12)

- Übermale die verbalen Teile blau.
- Überklammere die Teilsätze.

Bezeichne die kursiv gedruckten Ausdrücke in den Texten:
Verbale Teile: Personalform, Infinitiv, Partizip II, Verbzusatz
Satzglieder: Subjekt, Akkusativobjekt, Dativobjekt

Eine Gans erschien im Morgengrauen an der Tür des Hühnerhofs und *erklärte,* das berühmte Ei des Kolumbus sei kein Hühnerei, sondern ein Gänseei. Dann rannte sie davon, *verfolgt* von sämtlichen
5 Hühnern des Hofs. Wäre *sie* nicht in den Teich gesprungen, dann hätte sie ein schlimmes Ende *genommen.*

Ein etwas exotisches Huhn stellte sich mitten auf die Tenne, steckte *ein Bein* unter den Flügel und balancierte auf dem anderen. So stand *es* stundenlang und hoffte, man möge *es* für einen Kranich halten.
5 Seine Mithühner hielten *es* nicht für einen Kranich. Die Gänse glaubten, *es* sei lahm, und betrachteten es voller Mitleid. Der Truthahn umkreiste *es* lange und rief schliesslich: «Seht euch diesen blöden Truthahn *an.* *Er* tut, als wäre er ein Huhn.»

Ein leichtsinniges Huhn, *das* sich vom Hühnerhof *entfernt* hatte, sah sich auf einmal einem Fasan gegenüber. Es *verliebte* sich wahnsinnig in ihn, aber es wurde eine unglückliche Liebe, weil *der Fasan*
5 kurzsichtig war und *das Huhn* für ein Kaninchen *gehalten* hatte. Es wäre aber auch dann eine unglückliche Liebe geworden, wenn der Fasan *gemerkt* hätte, dass er es mit einem Huhn zu *tun* hatte.

Ein Schweizer Huhn wollte *Schokoladeneier* legen. Es versuchte, *viele Pralinen* zu fressen, und nach einigen Monaten gelang es *ihm* während der Osterfeiertage, *Eier mit bräunlicher Schale*
5 zu legen. Das war alles. Es war so enttäuscht, dass es *den Entschluss* fasste, auf die Schweizer Staatsbürgerschaft zu *verzichten.*

Aus: L. Malerba: Die nachdenklichen Hühner. Berlin 1988

SL4 Automacho
Zusammengezogene Teilsätze (2.9)

Wie umständlich und schwerfällig wäre mancher Satz, wenn wir nicht Satzglieder und verbale Teile «zusammenziehen», sie also nur einmal nennen könnten.

- Beginn bei 1 und schreibe die Sätze 1–5 neu. Verwende dabei das Stilmittel des Zusammenzugs.
- Unterstreiche dann die zusammengezogenen Ausdrücke in den Sätzen 1–6.

Enrique Perez Penedo

6 Wenn ich doch nur im Lotto gewänne und mir einen anständigen Schlitten leisten könnte! Stattdessen hocke ich in diesem Bonsaistinker und werde dauernd überholt und angehupt. Marlène nennt es manchmal «Schnäggli» und mich ihren «Hansdampf»!

5 Alle Frauen würden den Kopf nach mir verdrehen, alle Frauen würden mir lächelnd winken, alle Frauen wünschten, von mir ausgeführt zu werden.

_____
_____
_____

4 Ich wäre der coolste Typ am Strand, ich hätte am meisten Bewunderer, und ich würde pausenlos beneidet um diesen Superknaller.

_____
_____
_____

3 Ich würde ganz langsam die Strandpromenade entlangrollen, ich würde das Radio voll aufdrehen, und ich würde den Arm ganz locker über die Türe hängen lassen.

_____
_____
_____
_____

2 Das wäre eine Wucht, wenn ich einen solchen Wagen hätte und wenn ich damit im Geschäft vorfahren könnte und wenn ich damit Ferienreisen machen könnte!

_____
_____
_____
_____

1 Im Autojournal bewundert er Sportwagen, im Autojournal liest er von Zwölfzylindern, und er entdeckt im Autojournal ein sagenhaftes Supersportcabrio.

_____
_____
_____

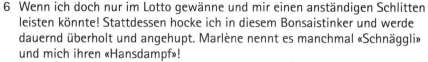

SL5 Die Stachelschweine
Verbale Teile, Satzglieder, Subjekt (2.12)

Die Stachelschweine

1 Eine Gesellschaft Stachelschweine drängte sich an einem kalten Wintertage recht nahe zusammen.

2 Die gegenseitige Wärme sollte sie vor dem Erfrieren schützen.

3 Sie spürten jedoch schmerzhaft die Stacheln der anderen.

4 Aus diesem Grund entfernten sie sich wieder voneinander.

5 Das Bedürfnis nach Wärme trieb sie aber erneut zusammen.

6 Bei dieser Suche nach Erwärmung wiederholte sich das zweite Übel.

7 So rannten sie von der einen Qual zur anderen.

8 Schliesslich hatten sie eine mässige Entfernung voneinander gefunden.

9 In dieser Entfernung konnten sie es am besten aushalten.

10 Diese Entfernung nannten die Stachelschweine Höflichkeit und feine Sitte.

Nach A. Schopenhauer

Satzlehre

Bestimme die Teile der nebenstehenden Sätze, also die verbalen Teile und die Satzglieder:

Verbale Teile
Unterstreiche die verbalen Teile blau, die <u>Personalformen</u> doppelt, die <u>übrigen verbalen Teile</u> einfach. Bezeichne die übrigen verbalen Teile mit:
I Infinitiv
P Partizip
VZ Verbzusatz

Satzglieder
Bestimme die Satzglieder, indem du sie mit senkrechten Strichen voneinander abgrenzt. Das Verfahren, mit dem man die Satzglieder herausfinden kann, nennt man

_____.

Subjekte
Unterstreiche die Subjekte.
Das Subjekt eines Satzes kann man herausfinden, indem man die

_____

_____ bildet oder die

_____-Frage stellt.

SL6 Formvollendet
Subjekt und Objekte (2.12)

In einer Sammlung von Musterbriefen aus dem Jahre 1900 wird unter der Überschrift *Ein junger Mann bittet um die Bekanntschaft eines Mädchens* dieses Briefmuster angeboten:

Setze die am Rand angegebenen Satzglieder in der richtigen Form im Text ein und bezeichne sie (S: Subjekt; AO, DO: Objekte).

Verehrtes Fräulein!

Die Achtung, die ich gegen Ihre Person fühle, und
der innigste Wunsch, mich Ihnen nähern zu dürfen,
mögen **den kühnen Schritt** rechtfertigen,   (der kühne Schritt) *AO*
dass ich mit einem Schreiben _____ zur Last falle.   (Sie) _____
5 Oft schrecke ich vor diesem Gedanken zurück,
aber der Menschen teuerstes Gut, die Hoffnung, hat
über meine Besorgnisse gesiegt und _____ den Mut   (ich) _____
gegeben, mein sehnsuchtsvolles Verlangen _____   (Ihr mildes Herz) _____
_____ vorzutragen.
10 Nein! Sie können _____ nicht zürnen, wenn   (ich) _____
ich es auf diesem Wege unternehme, _____   (Sie) _____
zu sagen, dass Sie durch Ihre vortrefflichen Reize,
_____ ich aus der Ferne an Ihnen beobachtet,   (die) _____
wie mit magischer Kraft mich in Ihren Zauberkreis
15 gebannt haben, dass _____   (mein liebkrankes Herz) _____
_____ nur noch _____   (ein Wunsch) _____
kennt, nämlich den, _____ mich nähern zu dürfen   (Sie) _____
und an Ihrem Umgang mich erwärmen zu können!
O gewiss, unbeschreiblich wird meine Freude,
20 mein Glück sein, auf Ihre Freundschaft Anspruch
machen zu dürfen, und wenn es _____   (Ihre Verhältnisse) _____
_____ gestatten, so gewähren _____   (Sie) _____
mir _____,   (der eine Trost) _____
Ihnen meine Aufwartung machen zu dürfen,
25 damit _____ die selige Möglichkeit   (ich) _____
gegeben ist, aus Ihrem Mund
_____ zu vernehmen.   (die Entscheidung) _____
Ich will ja nicht um Ihre Neigung bitten, ich bitte
nur um Duldung. Stets will ich mich dann bestreben,
30 Ihres Vertrauens immer würdiger zu werden, und
_____ sollen   (alle meine Handlungen) _____
_____ atmen, mit der   (dieselbe Verehrung) _____
ich wage, mich zu nennen, Ihr Sie hochschätzender N. N.
N. N., den ...

89 Welt der Wörter 2

SL7 Ferien im Büro I
Verbale Teile und Satzglieder (2.12)

- Lies den nachstehenden Ausschnitt aus dem Buch «Das Leben leben» von Renate Welsh.
- Markiere in der Tabelle, worum es sich bei den kursiv gedruckten Stellen im Text handelt.
- Markierte Felder in der Tabelle: Unterstreiche die zugehörige(n) Stelle(n) auf der jeweiligen Zeile.

Verbale Teile	PF = Personalform
	Übrige verbale Teile:
	I = Infinitiv P = Partizip II VZ = Verbzusatz
Satzglieder	S = Subjekt AO = Akkusativobjekt DO = Dativobjekt

Ferien im Büro

Text	Verbale Teile				Satzglieder		
	PF	I	P	VZ	S	AO	DO
Der ältere Mann hielt ihr *die Hand* hin. «Dinhofer», sagte er.	x						
«*Sie* sind sicher unsere Ferienpraktikantin?»	x						
Sie *nickte*. «Eva Zettner *heisse* ich.»					x		
«Sehr erfreut.» Er deutete *eine altmodische Verbeugung* an,				x			
die *der Lehrjunge* hinter seinem Rücken nachäffte, nur beugte						x	
er sich so weit vor, dass seine Hände *den Boden* berührten und				x			
ihm die Haare ins Gesicht fielen.					x		
Herr Dinhofer zog *seine Jacke* aus und nahm einen grauen				x			
Arbeitsmantel vom Haken. *Er* deutete mit dem Daumen auf	x						
den Jungen, der wieder Zeitung las. «*Der Jungchef* da hat sich						x	
sicher nicht *vorgestellt*. Manfred Dunker heisst er. – Also ihr					x		
Schreibtisch ist da drüben. Wenn Sie *irgendetwas* brauchen,	x						
dann kommen Sie zu mir, ja? Ich helfe *Ihnen* gern. Der Chef						x	
kommt sicher auch gleich. Aber ich *glaube*, Sie *werden* heute den						x	
ganzen Tag *Rechnungen* schreiben müssen, der Haufen da ist		x					
aufzuarbeiten. Da lernen *Sie* gleich unsere wichtigsten Kunden						x	
kennen. *Ihre Sachen* können Sie in die mittlere Lade tun,		x					
die müsste eigentlich frei *sein*.»					x		
Er begann *Formulare* auf seinem Schreibtisch zu sortieren. Als		x					
er sich vorbeugte, sah sie, wie sorgfältig er *die Haare* vom Ohr					x		
weg über eine glänzende Glatze verteilt *hatte*.			x				
Sie öffnete eine Lade nach der anderen, versuchte sich zu *merken*,						x	
welche Formulare es da gab.	x						
Frauen und Männer kamen *herein*, gingen an ihre Schreibtische.					x		
Manche nickten *Eva* zu, manche sagten sogar ein paar Worte,						x	
manche nahmen *sie* überhaupt nicht zur Kenntnis.					x		
Die Tür knallte gegen die Wand. Manfred liess *die Zeitung* fallen.					x		
Ein kleiner, rundlicher, dunkelhaariger Mann kam *herein*.					x		
«Guten Morgen, Herr Müller», *riefen* alle im Raum.					x		
Obwohl *Herr Müller* nicht grösser war als Eva, schien er	x						
den ganzen Raum zu füllen. Er wippte auf den Fersen auf		x					
und ab und rieb sich *die Hände*, dann ging er auf Eva zu.	x						

Nach: R. Welsh: Das Leben leben. Eva will sich nicht anpassen. Hamburg, 1991

SL8 Ferien im Büro II
Verbale Teile und Satzglieder (2.12)

- Lies den nachstehenden Ausschnitt aus dem Buch «Das Leben leben» von Renate Welsh.
- Markiere in der Tabelle, worum es sich bei den kursiv gedruckten Stellen im Text handelt.
- Markierte Felder in der Tabelle: Unterstreiche die zugehörige(n) Stelle(n) auf der jeweiligen Zeile.

Verbale Teile	PF = Personalform
	Übrige verbale Teile:
	I = Infinitiv P = Partizip II VZ = Verbzusatz
Satzglieder	S = Subjekt AO = Akkusativobjekt DO = Dativobjekt

Ferien im Büro?

Herr Dinhofer zeigte *ihr* die Rechnungsformulare, erklärte *die Abkürzungen*, half ihr, als sie Schwierigkeiten mit dem Einspannen der sperrigen Formularsätze *hatte*. Sie begann zu *schreiben*. Ihre Finger rutschten immer wieder auf den Tasten
5 aus. *Die Blonde* tippte unwahrscheinlich schnell, regelmässig wie eine Uhr. Manche Formulare *waren* so unleserlich, dass Eva sie überhaupt nicht *entziffern* konnte, andere waren zwar fest durchgedrückt, aber trotzdem unleserlich. «So ein Gekritzel», *sagte* Herr Dinhofer, als sie zum dritten Mal innerhalb
10 kurzer Zeit zu ihm kam. «*Das* ist ja wirklich eine Frechheit. Wir *sind* ja hier nicht in der Apotheke.»
Die Kopiermaschine war einfach zu *bedienen*. Herr Dinhofer liess sie *ein paar Kopien* machen, dann schlug er vor, sie könne allein weitermachen, er würde *die Rechnungen* durchsehen und
15 die völlig unleserlichen Zahlen ausbessern. Als *sie* ins Büro zurückkam, sagte *Manfred* gerade: «Na, Sie sind ja heute ganz aufgekratzt, aber ist *die* nicht viel zu jung für Sie, Herr Dinhofer?»
Eva *ging* zu ihrem Platz.
Manfred kaute an den Nägeln.
20 Es war *ihm* sichtlich peinlich, dass sie ihn gehört hatte. Dann *sagte* Herr Dinhofer auch noch: «Du *kümmerst* dich lieber um die Zollabrechnungen, die *waren* letzte Woche fällig.»
Es wurde immer schwüler.
Die Blonde öffnete beide Fenster, aber es kam nur der Gestank
25 von Abgasen *herein*.
Eva spürte, wie der Schweiss an ihr herablief. Als *sie* eine Rechnung aus der Maschine nahm, klebte *das Papier* an ihren Fingern. Sie stand *auf*. «Ich muss mir die Hände waschen.»
«Darfst du», sagte Manfred. «Hier muss *man* dafür keine
30 Sondererlaubnis *einholen*.»
Draussen ärgerte sie sich, dass sie nicht gesagt hatte: *Dich* habe ich ja nicht *gefragt*.

	Verbale Teile				Satzglieder		
	PF	I	P	VZ	S	AO	DO
						x	
							x
					x		
	x						
				x			
					x		
						x	
			x				
					x		
	x						
					x		
					x		
				x			
		x					
						x	
	x						
				x			
					x		
	x						
						x	
					x		
					x		
	x						
						x	
	x						
	x						
						x	
	x						
			x				
					x		

Nach: R. Welsh: Das Leben leben. Eva will sich nicht anpassen. Hamburg, 1991

SL9 Kreuz und quer durch Wort- und Satzlehre
Begriffsrepetition

Waagrechte Nummern kolonnenweise – senkrechte Nummern zeilenweise

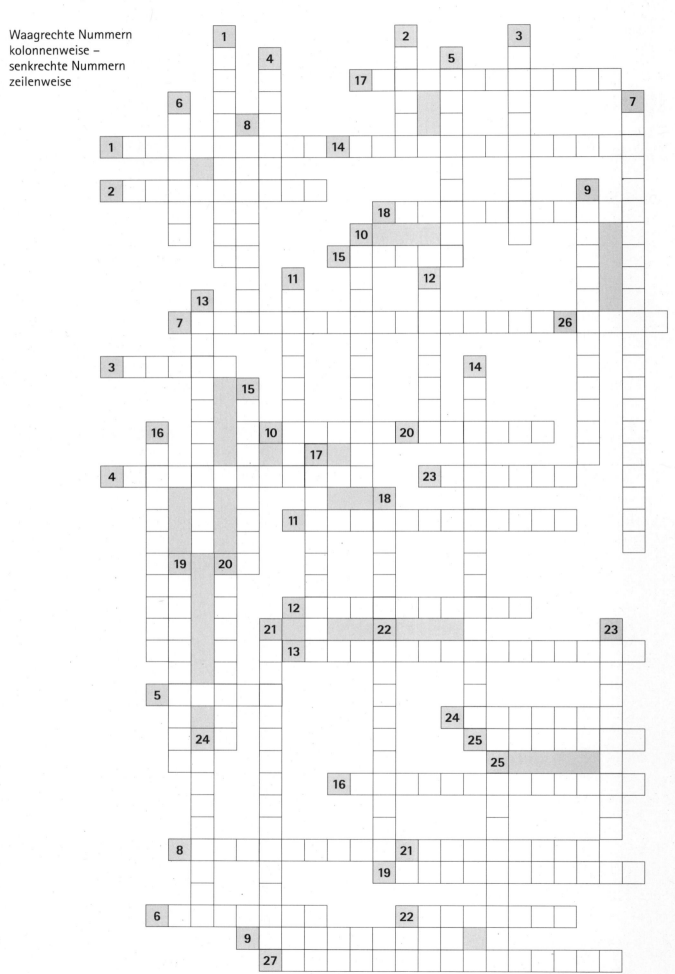

SL10 Kreuz und quer durch Wort- und Satzlehre II
Begriffsrepetition

Für dieses Kreuzworträtsel solltest du die fett gedruckten Begriffe des Verzeichnisses der Fachausdrücke kennen (→ V6–V10). In Kreuzworträtseln verwendet man Grossbuchstaben und schreibt I statt J (vor allem auf Kreuzungen) sowie AE/OE/UE statt Ä/Ö/Ü.

Waagrecht

1. Wenn *sein* (bzw. *haben*, *werden*) zur Bildung von Zeitformen eines Verbs dient, nennen wir es ●.
2. Es gibt fünf ●. Die Beispielwörter *Wald, grün, er, wachsen, immer* gehören je einer ● an.
3. Der Fachbegriff für Selbstlaut ist ●.
4. Die Formveränderung der Verben nennen wir ●.
5. Satzzeichen. Das ● trennt zum Beispiel Teilsätze.
6. Zeitform. Sie *ist gekommen*. Er *hat angefangen*.
7. Die ● sind Stellvertreter eines Nomens. Beispiele: *sie, du, ihr*.
8. Eine der Modalformen. Man nennt sie auch Wirklichkeitsform.
9. Einer der vier Fälle. Das Subjekt steht immer in diesem Fall.
10. Die Verbform ● ist die andere Form von 23 waagrecht.
11. *Theologie, Oktaeder, Synergie* sind ●.
12. Ein zusammengesetzter Satz enthält mindestens zwei ●.
13. Das Verfahren, mit dem wir Satzglieder ermitteln, nennen wir ●.
14. Wörter wie *und, dass, aber* nennen wir ●.
15. Der ● ist einer der vier Fälle. Beispiel: Das gehört *mir*.
16. Unvollständige, abgebrochene Sätze nennen wir ●.
17. Konjunktiv, Indikativ und Imperativ sind ● des Verbs.
18. Die verschiebbaren Teile eines Satzes nennen wir ●.
19. Sie sagt: *«Du hast das gut gemacht.»* Diese Ausdrucksform nennen wir ●.
20. Konjugierbare Wörter gehören zur Wortart der ●.
21. Der Begriff ● bezeichnet eine Zeitform. Beispiel: *Du kommst. Sie geht.*
22. Satzglied, das bei der Infinitivprobe wegfällt. Das ● steht immer im Nominativ.
23. Der Koffer *wird getragen*. Der Bus *wurde angehalten*. Diese Verbform nennt man ●.
24. Deutsches Wort für Singular ist ●.
25. Die ● sind Begleiter des Nomens. Beispiel: *Das* Kind spielt mit *einem* Teddybär.
26. Nach einem ● steht ein Punkt, ein Ausrufezeichen oder ein Fragezeichen.
27. Zeitform: Sie *war gekommen*. Er *hatte gearbeitet*.

Senkrecht

1. Den Begriff ● verwenden wir für Schriftzeichen.
2. Die ● sind eine der drei deklinierbaren Wortarten.
3. «Dezem», «Mittelschu», «usenbrot» sind ●.
4. Das ● ist ein direkter Mitspieler des Verbs. Beispiele: Ich sehe *einen Apfelbaum*. Das gehört *mir*.
5. Einer der vier Fälle. Beispiel: Ich esse *einen Apfel*.
6. Der grammatische Fachbegriff für Mehrzahl ist ●.
7. Fragepronomen nennt man ●.
8. Pronomen sind Begleiter oder Stell-● des Nomens.
9. Das Wort ● ist der erste Teil der Bezeichnung einer Pronomensorte.
10. Die Formveränderung der Nomen, Adjektive und Pronomen nennen wir ●.
11. Der Fachbegriff für Mitlaut ist ●.
12. Der ● ist eine der drei Steigerungsformen der Adjektive.
13. Der Begriff ● bezeichnet eine Zeitform. Beispiele: Sie *schmunzelte*. Er *lachte*.
14. Wenn wir die Infinitivprobe machen, erhalten wir die Rohform eines Satzes, die ●.
15. Der grammatische Fachbegriff für Einzahl ist ●.
16. Der ● ist eine der Modalformen. Beispiel: Wenn ich nur mehr Zeit *hätte*!
17. Die Grundform der Verben nennen wir ●.
18. Wenn von *können* ein Infinitiv abhängt, nennen wir es ● (erster Teil des Begriffs).
19. Unveränderliche Wörter nennen wir ●.
20. Wörter wie *mein, solche, einer, jeder* gehören zur Wortart der ●.
21. Die ● gehören zur Wortart der Partikeln. Sie verlangen einen Fall vom zugeordneten Ausdruck.
22. Der ● ist eine der drei Steigerungsformen des Adjektivs.
23. Pronomen, die bei einem Nomen stehen, nennen wir ●.
24. *Ver*raten, *ge*stehen: Den kursiv gedruckten Teil dieser Verben nennen wir ●.
25. Die ● sind eine der drei Wortarten der deklinierbaren Wörter.

SL11 Rex jagt
Satzverknüpfung

Ich gehe mit meinem Hund spazieren. Ich mache das jeden Tag. Mein Hund heisst Rex. Es ist ein junger, kräftiger Foxterrier. Ich nehme die Leine vom Haken. Rex steht schon bei der Tür. Er wedelt freudig mit dem Schwanz. Ich muss ihn an die Leine nehmen. Im Quartier hat es viele Katzen. Rex ist ein begeisterter Katzenjäger. Es ist sein Hobby. Ich habe schon oft mit ihm geschimpft. Es nützte nichts. Er muss im Quartier immer an der Leine gehen. Auf offenem Feld darf er sich austoben. Wir spielen «Steckenholen». Da kommt jemand mit einem Hund. Vorsichtshalber nehme ich Rex an die Leine. Man weiss bei Rex nie, wie er reagiert. Eine Stunde ist vorbei, seit wir los gezogen sind. Wir gehen wieder heim.

Wir wollten das Wochenende in Mailand verbringen. Das Hotel hatten wir schon reserviert. Die Billette hatten wir auch schon. Wir packten ein paar Sachen ein. Wir nahmen das Taxi an den Bahnhof. Am Bahnhof merkte ich etwas sehr Blödes. Ich hatte die Billette zuhause vergessen. Ich musste mit dem Taxi in die Wohnung zurückfahren. Wir konnten erst eine Stunde später abreisen. Die reservierten Fensterplätze hatten wir verloren. Das war sehr ärgerlich.

Eine meiner Freundinnen verbrachte ihre Ferien in Südfrankreich. Sie reiste von Ortschaft zu Ortschaft. Sie war schon eine Woche unterwegs. Sie bemerkte etwas äusserst Unangenehmes. Sie hatte ihren Ausweis verloren. Sie telefonierte ihrer Mutter. Sie bat sie um einen Gefallen. Sie solle ihr den Pass nach Nîmes schicken. Sie brauche ihn bei der Rückreise am Grenzübergang. Die Mutter schickte ihr den Pass zum angegebenen Postamt von Nîmes. Zwei Tage später traf meine Freundin dort ein. Sie ging sofort zur Post. Sie fragte den Schalterbeamten. Sie wollte wissen, ob ein Kuvert auf ihren Namen eingetroffen sei. Der Beamte bejahte. Meine Freundin verlangte danach. Der Beamte fragte sie: «Können Sie sich ausweisen?» Später hat sie uns diese Geschichte erzählt. Wir haben sehr gelacht.

Ein Mann ist spät nachts auf dem Heimweg. Er hatte den Abend mit Freunden verbracht. Alle waren sehr fröhlich. Er hatte etwas tief ins Glas geschaut. Jetzt hat er Mühe, geradeaus zu gehen. Er schwankt wie ein Schiff im Sturm. Es ist stockdunkel. Er tastet sich von Strassenpfahl zu Strassenpfahl, von Baum zu Baum. Da stösst er auf eine Mauer. Er freut sich. Das wird ihn weiterbringen. Er darf nur den Kontakt mit der Mauer nicht verlieren. Er streckt beide Hände aus. Er tappt der Mauer entlang. Er weiss etwas nicht: Er ist auf die kreisrunde Stadthalle gestossen. Er umwandert sie. Er macht mehrere Runden. Dann hält er inne. Er merkt, dass er im Kreis gegangen ist. Er legt sich erschöpft nieder. Er will schlafen. Ein resignierter Stossseufzer entringt sich ihm: «Ich bin eingemauert.»

Formulieren

Diese Texte sind mit Absicht einförmig formuliert, sodass sie wie Rohformen wirken.

Wenn du die Texte liest, wirst du über einiges stutzen, sicher auch über den Satzbau: Die Texte bestehen fast ausschliesslich aus sehr kurzen Sätzen. Grammatisch gesehen sind es _____ Sätze.

Zwischen den Sätzen besteht zwar ein Zusammenhang: Wir können die Texte ja verstehen. Aber die Aussagen sind untereinander sprachlich praktisch nicht verknüpft.

Wähle nun einen der Texte aus. Verändere den Inhalt nicht, formuliere ihn aber neu, und zwar nach deinem Sprach- und Formgefühl.

Dein Text sollte lebendiger wirken. Verknüpfe die Aussagen mit sprachlichen Mitteln. Verwende dazu passende Konjunktionen, andere Partikeln (dort, zuerst, bald usw.) oder Adjektive.

Dein Text sollte also nicht wie ein Gebilde aus lauter gleichen «Legoteilen» wirken, sondern eine dem Inhalt angepasste, gut modellierte Form erhalten.

Setze am Schluss auch einen passenden Titel.

Du kannst diese Formulierungsübung durchaus auch mündlich probieren.

Allerdings ist es bedeutend einfacher, eine schöne Form auszuarbeiten, wenn du dies schriftlich machst, z.B. am Computer.

RZ — Rechtschreibung Zeichensetzung

Seite		Titel	Lernziel/Thema (Verweis auf Schülerbuch)
RZ1	L	Original und Abschrift	Abweichungen finden
RZ2	L	«Spickwitze» I	Gross-/Kleinschreibung, Zeichensetzung
RZ3	L	«Spickwitze» II	Gross-/Kleinschreibung, Zeichensetzung
RZ4	L	Landstrasse und Ehe	Gross-/Kleinschreibung, Zeichensetzung
RZ5	L	Anruf am Morgen	Gross-/Kleinschreibung, Zeichensetzung
RZ6	L	Fabeln und Rechtschreibung	Rechtschreibung, Zeichensetzung
RZ7	L	Vergleichsformen mit oder ohne Umlaut?	Rechtschreibung von Adjektiven (8.10)
RZ8	L	Zusammen- oder getrennt schreiben?	Rechtschreibung
RZ9		Kurze Geschichten als Diktatübungen	Rechtschreibung, Zeichensetzung
RZ10		Anspruchsvollere Diktatübungen	Rechtschreibung, Zeichensetzung
RZ11	L	Satzzeichen als Lesehilfe	Zeichensetzung

RZ1 Original und Abschrift
Abweichungen finden

Der obere Text ist ein Reisebericht des amerikanischen Journalisten und Schriftstellers Mark Twain (1835–1910). Der untere Text ist eine Abschrift davon mit etlichen Fehlern und Abweichungen.

- Die Aufgabe, die du in etwa zwanzig Minuten lösen solltest, besteht darin, beide Texte zu lesen und dann die Abweichungen und Fehler in der Abschrift zu korrigieren, sodass nachher beide Texte identisch sind. Dabei helfen dir Rechtschreibekenntnisse und Beobachtungsgabe.

Original

Der Rigi-Kulm ist ein 1800 Meter hohes imposantes Alpenmassiv, das für sich allein steht und eine mächtige Aussicht auf blaue Seen, grüne Täler und schneebedeckte Berge bietet – ein vollgestopftes, grossartiges Bild von 50 Kilometern Umfang.

Man erklimmt ihn je nach Wunsch und Vorliebe entweder auf dem Schienenweg oder zu Pferde oder aber
5 auch zu Fuss. Ich und mein Reisebegleiter warfen uns an einem sonnigen Morgen in unsere Wandertracht und überquerten den See mit einem Dampfer. In dem Dorf Weggis, drei Viertelstunden von Luzern entfernt, gingen wir an Land. Dieses Dorf liegt am Fuss des Berges. Schon bald stapften wir gemächlich den laubüberwölbten Maultierpfad hinan, und dann begann auch, wie gewöhnlich, die Unterhaltung zu fliessen.

10 Es war zwölf Uhr Mittag und ein wolkenloser Tag mit leichter Brise. Der Hang stieg nur allmählich, und die Blicke, die wir durch den Vorhang der Äste auf das blaue Wasser und winzige Segelboote und überhängende Felsenklippen werfen konnten, waren so bezaubernd wie Blicke ins Traumland. Die Umstände waren vollkommen und unsere Erwartungen freudig gespannt, denn bald schon würden wir uns ja zum ersten Mal an jenem wundervollen Schauspiel
15 ergötzen, einem Sonnenaufgang in den Alpen – dem Zweck unserer Wanderung.

Aus: Mark Twain: Zu Fuss durch Europa.

Abschrift

Der Riggi-Kulm ist ein 1800 m hohes inposantes Alpenmassiv, dass für mich allein steht, und einen mächtigen Blick auf blaue Seen, grüne Täler und schneebedeckte Berge bitet – ein vollgestopftes, grosartiges Bild von 500 Kilometer Umfang.

Man erklimmt ihn je nach Wunsch und Vorliebe auf dem Schienenweg oder zu Pferde oder aber
5 auch zu fuss. Mein Reisebegleiter und ich warfen uns an einem sonnigen morgen in unsere Wandertracht und überquerten den See mit einem Dampfer. In dem Dorf Weggis, drei Viertelstunde von Luzern gingen wir an Land. Dieser Berg liegt am Fuss des Dorfes.
Bald schon stapften wir gemächlich den laubüberwölbten Maultierpfad hinauf, und dann begann auch, wie gewönlich, die Unterhaltung zu fliesen.

10 Es war 12 Uhr Mittags und ein wolkenloser, herrlicher Tag mit leichter Briese; Der Hang stieg allmälich, nur, und die Blicke, die wir durch den Vorhang der Zweige auf dass blaue Wasser, und winzig kleine Segelboote und überhängende Felsenklipen werfen konnte, waren so bezaubernd, wie Blicke in ein Traumland. Die Umstände wurden vollkommen und unsere Erwartungen freundlich gespannt, den bald schon werden wir ja zum ersten Mal uns an jenem wundervollem Schauspiel
15 ergötzen, einem Sonnenaufgang in den Alpen – dem Ziel unserer Wanderung.

- Markiere nach der Kontrolle deiner Arbeit anhand der Lösung jene Abweichungen, die du übersehen hast: Je weniger es sind, desto besser hast du diese Aufgabe gelöst.

RZ2 «Spickwitze» I
Gross-/Kleinschreibung, Zeichensetzung

Setze die fehlenden Grossbuchstaben und Satzzeichen im Text ein. Verwende dazu die Übersichten zur Gross-/Kleinschreibung (Ü22/23) und zur Zeichensetzung (Ü26–Ü28).

herr hug säbelt im restaurant seit zehn minuten an einem zähen kotelett schliesslich wird er wütend und wirft das fleisch in eine ecke sein gebiss wirft er hinterher da friss es allein flink wirft ein anderer gast sein glasauge dazu das will ich jetzt aber sehen

ein herr geht mit seinem hund ins kino der hund amüsiert sich köstlich und lacht und lacht eine ältere dame dreht sich verwundert um und meint sie haben aber ein seltsames tier ich wundere mich auch erwidert der herr als er letzte woche das gleichnamige buch las war er gar nicht begeistert

lienhard kommt zur haltestelle und der bus fährt ihm vor der nase weg er läuft ihm hinterher bis nach hause und berichtet seiner schwester freudestrahlend ich habe zwei Franken gespart weil ich dem bus nachgerannt bin gut nicht wärst du einem taxi nachgelaufen hättest du glatt acht franken gespart

renate wird zum psychologen geschickt weil sie fussball schrecklich gern mag der psychologe wundert sich deshalb hat man dich zu mir geschickt ich mag fussball auch ganz gern renate strahlt ja ich mag ihn am liebsten knusprig gebraten mit weissen bohnen

als eine dame in die untergrundbahn steigt erhebt sich ein herr von seinem platz bitte sagt sie behalten sie doch den platz etwas später will der mann wieder aufstehen doch die dame drückt ihn sanft auf den platz zurück und versichert es macht mir überhaupt nichts aus zu stehen da platzt dem mann der kragen jetzt lassen sie mich aussteigen ihretwegen habe ich schon zwei stationen verpasst

bei einem schulbesuch wollte der inspektor die schüler prüfen er deutete auf eine vor der schule weidende ziege und fragte was das für ein tier sei das isch e geiss sagte der erste schüler der inspektor wollte aber den hochdeutschen ausdruck hören und rief den zweiten schüler auf das isch e geiss antwortete auch dieser als gerade der dritte schüler befragt wurde flüsterte der lehrer dem inspektor ins ohr es isch tatsächlich e geiss

RZ3 «Spickwitze» II
Gross-/Kleinschreibung, Zeichensetzung

- Setze die fehlenden Grossbuchstaben und Satzzeichen im Text ein. Verwende dazu die Übersichten zur Gross-/Kleinschreibung (Ü22/23) und zur Zeichensetzung (Ü26–Ü28).

Ein Jäger erzählte seinem Freund von den Fähigkeiten seines Jagdhundes: «Er ist zwar taub, aber trotzdem der beste Jagdhund, den du dir vorstellen kannst.» Der Freund möchte den Wunderhund begutachten, also gehen alle drei auf die Jagd. Plötzlich stürzt sich ein Adler auf den Hund, packt ihn und fliegt mit ihm davon. Der Jäger greift sofort zum Gewehr und schiesst auf den Adler. Volltreffer! Der Adler lässt den Hund los und stürzt ab. Der Hund jedoch fliegt seelenruhig weiter. Der Jäger erklärt seinem verdutzten Freund: «Er hat eben den Schuss nicht gehört.»

Herr Häberli übernachtet in einem Hotel. Plötzlich schreit jemand: «Feuer, Feuer!» Herr Häberli erhebt sich, öffnet das Fenster und wirft eine Schachtel Zündhölzchen hinaus. Dabei brummt er etwas: «Höflicher könnte der schon darum bitten.»

Ein Zauberer, der als Unterhalter an einer Kreuzfahrt teilnimmt, hat einen Papagei an Bord gebracht, der ihm jede Nummer vereitelt. «Karte steckt in der Tasche», krächzt er vor dem versammelten Publikum, oder: «Taschentuch steckt im Ärmel.» Eines Tages gibt es eine Explosion und das Schiff geht unter. Zauberer und Papagei retten sich auf einen Balken. Vier Tage lang starrt der Papagei den Zauberer wortlos an. Endlich sagt der Papagei: «Gut, ich geb auf, wie hast du das Schiff verschwinden lassen?»

«Ich kenne Zwillinge, die sich in zwei verschiedenen Ländern aufhielten und genau am gleichen Tag das Bein gebrochen haben.» «Das ist noch gar nichts, ich kenne Zwillinge, die auf zwei verschiedenen Kontinenten Ferien machten und denen genau am gleichen Tag die Tante gestorben ist.»

«Kommst du heute Abend bei mir vorbei?» «Gern, aber wo wohnst du eigentlich?» «Pass auf, du gehst der Seestrasse entlang bis hinauf zum Bahnhof, biegst dann links ab und klingelst im Haus Nr. 55 mit dem Ellbogen im dritten Stock.» «Warum denn ausgerechnet mit dem Ellbogen?» «Du wirst doch wohl nicht mit leeren Händen kommen!»

Am ersten Schultag fragt der Lehrer die Schüler nach ihrem Namen. «Ich heisse Sepp», gibt der Erste bekannt. «Das heisst Josef», verbessert der Lehrer. «Hannes», sagte der Zweite. «Das heisst Johannes», korrigiert der Lehrer und fragt den Dritten: «Und du, wie ist dein Name?» «Jokurt.»

RZ4 Landstrasse und Ehe
Gross-/Kleinschreibung, Zeichensetzung

- Setze im nachstehenden Text von Stefania Grodzienska die fehlenden Grossbuchstaben und Satzzeichen ein. Arbeite dabei mit den Übersichten zur Gross-/Kleinschreibung (Ü22/Ü23) und zur Zeichensetzung (Ü26–Ü28).

Landstrasse und Ehe

Sie

1 du hättest auf der glatten chaussee nicht bremsen sollen

3 ich habe nach dem steuer gegriffen als du ins schleudern kamst

5 ich zog die handbremse als du um gottes willen riefst

7 ich stiess dir den fuss vom gaspedal weil du nicht auf mich hören wolltest

9 ich riet dir einen affen an der leine zu führen statt auto zu fahren weil du wie wahnsinnig gerast bist

11 ich habe ihn beim überholen beschimpft weil er mich anschaute und auf die stirn tippte

13 ich streckte die hand aus dem fenster um dir zu zeigen an welchem baum wir landen wenn du so blöde weiterfährst

15 klar was tust du nicht alles nur um mich zu ärgern

Er

2 ich habe gebremst als du nach dem steuer gegriffen hast

4 ich kam ins schleudern als du die handbremse gezogen hast

6 ich rief um gottes willen als du mir den fuss vom gaspedal stiessest

8 ich wollte nicht auf dich hören weil du mir geraten hast einen affen an der leine zu führen statt auto zu fahren

10 ich raste wie wahnsinnig um vor dem fiat zu flüchten den du beim überholen beschimpft hast

12 er hat sich an die stirn getippt weil du die rechte hand durch das fenster strecktest als ob wir einbiegen wollten

14 und dann sind wir an einem anderen gelandet

16 so plauderten sie indem sie gen himmel stiegen an der unfallstelle hatten sich inzwischen menschen angesammelt die schweigend in ihre gesichter starrten auf beiden war für immer die überzeugung recht zu haben erstarrt

Stefania Grodzienska

RZ5 Anruf am Morgen
Gross-/Kleinschreibung, Zeichensetzung

- Setze die fehlenden Grossbuchstaben und Satzzeichen im Text ein.
  Verwende dazu die Übersichten zur Gross-/Kleinschreibung (Ü22/23)
  und zur Zeichensetzung (Ü26–Ü28).

anruf am morgen

chef

ja wer spricht denn dort fragte der chef am anderen ende der leitung

chef hier spricht Grunert

5 wer zum kuckuck

Grunert Gru-nert chef

Grunert ach grunert ja was wollen sie denn am frühen morgen

chef ich kann heute nicht kommen

10 moment mal sie können heute nicht kommen aber Grunert

chef wir waren gestern abend noch in der tanne sie kennen doch das lokal nicht nun ja wir haben wohl n bisschen viel getrunken aber daran wirds wohl bestimmt nicht liegen dass es mir heute so schlecht geht

15 ja Grunert wissen sie denn nicht

doch chef weiss ich ja sie haben es nicht gern wenn man blau macht aber ich muss wohl was falsches gegessen haben ich hab da ne portion heringsalat gegessen chef na ich muss mir wohl den magen verkorkst haben wird wohl ne fischvergiftung sein ehrlich

20 nun hören sie mal Grunert

soll ja nicht wieder vorkommen chef aber ist nun mal passiert mir ist noch ganz flau im magen

ja aber warum

und da dachte ich mir ich leg mich heute mal hin damit ich
25 morgen wieder fit bin sind sie ärgerlich chef

ärgerlich so ein unsinn Grunert schlafen sie sich mal richtig aus

und wenn der heutige tag nicht reicht dann bleiben sie morgen auch noch im bett klar

klar chef und vielen vielen dank

30 wofür denn Grunert samstags und sonntags wird ja im betrieb sowieso nicht gearbeitet wissen Sie doch Grunert oder

W. Sukowsky

RZ6 Fabeln und Rechtschreibung
Rechtschreibung, Zeichensetzung

In dieser Fabel fehlen 19 Grossschreibungen.

die lerche und der maulwurf

die lerche erzählte einmal dem maulwurf von der schönheit des blauen himmels und versuchte ihn aus seiner traurigen finsternis emporzulocken zu der seligkeit des strahlenden sonnenlichts.
aber der maulwurf wendete sich verächtlich ab und rief: «was ist dein mageres licht das höchstens dazu taugt den pelz zu wärmen gegen mein dunkel das mit würmern und engerlingen gewürzt ist?»

Korrigiere die Rechtschreibemängel in den nachstehenden Fabeln. Verwende dazu die Übersichten zur Gross-/Kleinschreibung (Ü22/Ü23) und zur Zeichensetzung (Ü26–Ü28).

In dieser Fabel fehlen 20 Grossschreibungen, 6 Konsonantenverdoppelungen sowie 3 «h» als Vokaldehnungszeichen.

die schwalbe und die eule

«ich habe auf meinen reisen die halbe welt gesehen und bin reicher an erfarung als ale vögel», sprach die schwalbe zur eule. «wie komt es, das man deine weisheit rümt, obwol du im dunkeln sitzest und kaum den bankreis deines felsens verläst?» – «ich sehe am schärfsten mit geschlosenen augen, und meine gedanken reichen weiter als deine flügel!», antwortete die eule.

In dieser Fabel fehlen alle Satzzeichen.

Der Mistkäfer und die Ameise

Ein Mistkäfer der sich faul im Kot räkelte sah wie eine Ameise eine Tannennadel zu ihrem Bau schleppte
Dein Fleiss hat weder Sinn noch Zweck rief er ihr zu denn am Ende stirbst du ebenso wie ich
Darüber musst du mit meinen Nachkommen sprechen entgegnete die Ameise und zudem ist es ein Unterschied ob ich als Mistkäfer oder als Ameise sterbe

In dieser Fabel fehlen die Satzzeichen. Neben der fehlenden Grossschreibung am Satzanfang sind zusätzlich noch 6 weitere Rechtschreibefehler zu korrigieren.

Die Bachstelze und der Zaunkönig

Auf einem Stein im Wasser sass eine Bachstelze und wippte mit ihrem Schwänzchen das gefiehl dem Zaunkönig so gut das er seine Kinder ans Nestlöchlein rief und sagte seht nur wie hübsch die Bachstelze mit ihrem Schwänzlein wippt so müsst ihrs auch machen
ein Andermal sah die Bachstelze den Zaunkönig durchs Gebüsch schlüpfen sogleich rief sie ihre Kinder und sagte seht nur wie hübsch der Zaunkönig sein Schwänzlein hebt das dumme wippen müsst ihr euch abgewönen und das Schwänzchen ebenso ziehrlich tragen wie er

Fabeln aus: R. Kirsten: Hundertfünfundfünfzig Fabeln. Zürich 1960

RZ7 Vergleichsformen mit oder ohne Umlaut?
Rechtschreibung von Adjektiven (8.10)

Bei manchen Adjektiven weisen Komparativ und Superlativ einen Umlaut auf.
Das Sprachgefühl lässt uns hier manchmal im Stich.
I söttige Fäll ischs am schläuschte, schnäll naazschlaa (Duden 1), dann siehst du:
Es heisst «am schlausten».

- Notiere in den folgenden Sätzen die Form, die dir richtig scheint, und kontrolliere deine Lösungen mit dem Wörterbuch:

1 Die Dummen krönen den (dumm, Superlativ) _____, die Klugen hingegen nicht den (klug, Superlativ) _____, sondern sie kommen ohne König aus.

2 Alles wird schlimmer: Wer faul ist, wird immer _____.
Der Arme wird immer _____; bald ist er der _____ im ganzen Land.

3 Das hält keiner aus, auch der (stark, hart, tapfer) _____, _____, _____ unter uns nicht.

4 Schreibe die folgenden häufig vorkommenden Adjektive im Komparativ in die Tabelle und überprüfe deine Lösung mit dem Wörterbuch:

kalt, warm, brav, falsch, scharf, stumpf, rund, plump, rot, stolz, kurz, lang, nass, voll, karg, zahm, wohl, klar, glatt, bang, gerade, krumm, dunkel, toll, schmal, rasch, mager, krank, fromm, gesund, schwach

Mit Umlaut in Komparativ und Superlativ

Ohne Umlaut in Komparativ und Superlativ

Mit oder ohne Umlaut in Komparativ und Superlativ möglich (beide Formen eintragen)

5 Schreibe den Komparativ von: genau, grau, blau, lau, laut, rau, schlau.

Der Schläuste/Schlauste merkt es am baldesten/ehesten: Adjektive mit -au- im Stamm haben in Komparativ und Superlativ _____.

6 Einige Adjektive bilden unregelmässige Vergleichsformen:

Positiv	Komparativ	Superlativ
gut		
hoch		
nah		

102 Welt der Wörter 2

RZ8 Zusammen oder getrennt schreiben?
Rechtschreibung

Schreibe die Sätze in korrekter Worttrennung. Beachte dabei die links aufgeführten Regeln.

Verbindungen aus Verb (im Infinitiv) + Verb getrennt schreiben:
kennen lernen
treiben lassen
essen gehen

Verbindungen aus Nomen + Verb getrennt schreiben:
Zug fahren
Eis laufen
Wenige Ausnahmen:
heimgehen
preisgeben
teilnehmen
wundernehmen

Wendungen mit sein getrennt schreiben:
dabei sein
da sein

Verbindungen mit irgend zusammenschreiben:
irgendjemand

Adjektive auf –ig, –isch, –lich und nachfolgendes Verb oder Adjektiv getrennt schreiben:
fertig stellen
winzig klein
höllisch heiss
herrlich blau

1. Ich möchte dich besser kennen lernen.

2. Du möchtest also, dass unsere Freundschaft bestehen bleibt? Ich habe schon befürchtet, du würdest mich fallen lassen.

3. Was meinst du denn, ich kann doch Freunde nicht einfach sitzen lassen, du bist ja schliesslich nicht irgendjemand.

4. Willst du mit mir einen Kaffee trinken kommen oder möchtest du lieber spazieren gehen?

5. Rad fahren wäre ihr lieber gewesen, eigentlich hätte sie Maschine schreiben üben müssen, aber das verriet sie ihm nicht.

6. Man kann auch auf Distanz füreinander da sein.

7. Sie kam dann zu spät zum Abendessen, aber Mutter hatte dafür gesorgt, dass man ihr etwas übrig liess.

RZ9 Kurze Geschichten als Diktatübungen
Rechtschreibung, Zeichensetzung

Punkto Rechtschreibung enthalten die nachstehenden kurzen Geschichten von Luigi Malerba keine grossen Schwierigkeiten. Du solltest sie nach Diktat ohne grosse Schwierigkeiten aufschreiben können.

Übungsformen

Selbstdiktat:
Sich einen Satz einprägen, dann aufschreiben.

Unvorbereitetes Diktat:
Zu zweit oder in Gruppen.

Vorbereitetes Diktat:
Den Text vorher durchlesen, schwierige Wörter im Text hervorheben.

Wanderdiktat:
Die Diktatvorlage an einer Stelle deponieren, das Schreibpapier an einer anderen. Dann den Text Stück für Stück im Kopf von der Vorlage zum Schreibpapier transportieren und aufschreiben.

Auswertung:
Überlege, wie du die aufgetretenen Fehler hättest vermeiden können.

Ein etwas kurzsichtiges Huhn verschluckte eines Tages ein Stück Eisendraht, im Glauben, es sei ein Wurm. Eine Woche lang hatte es furchtbare Magenschmerzen, und als es ihm schliesslich gelang, sich von dem Draht zu befreien, schwor es, in seinem Leben nie wieder einen Wurm zu fressen. Wenn es einen sah, wurde ihm übel, es musste sich abwenden und den Wurm seinen Mithühnern überlassen, die einen besseren Magen hatten.

Ein etwas gedankenloses Huhn behauptete, es spüre eine grosse Leere im Kopf, genau an der Stelle, wo sich gewöhnlich das Gehirn befinde. «Ich fürchte, dass ich kein Gehirn habe», sagte das arme Huhn weinend, «denn wenn ich eins hätte, würde ich es doch spüren.»
Aber die anderen Hühner beruhigten es, indem sie ihm versicherten, auch sie spürten ihr Gehirn nicht.

Ein analphabetisches Huhn setzte sich mit einem Stück Zeitung mitten auf den Hühnerhof und tat, als würde es lesen. «Was passiert in der Welt?», fragten seine Mithühner. Um keinen Fehler zu machen, erklärte das analphabetische Huhn, es passiere nie etwas. Bis ihm eines Tages ein ungeduldiges Huhn einen Tritt versetzte, dass es über die ganze Wiese kollerte, und dann sagte: «Jetzt ist etwas passiert, mal sehen, ob es die Zeitung diesmal bringt.»

Als die Hühner des Hofs gefragt wurden, welches ihr grösster Wunsch sei, antwortete eines, es würde gern einen Wurm finden, der einen Kilometer lang wäre, ein anderes sagte, es würde mit seinem Gegacker gerne im Fernsehen auftreten, und noch ein anderes sagte, es würde gern den Fuchs in einer Falle finden und ihm die Nase zerhacken. Das zuletzt befragte Huhn antwortete, es würde gerne an Altersschwäche sterben.

Aus: Luigi Malerba: Die nachdenklichen Hühner. Berlin 1984

RZ 10 Anspruchsvolle Texte für Diktatübungen
Rechtschreibung

Die vier nachstehenden Erklärungen zu Redewendungen sind anspruchsvolle Diktatvorlagen. Das Aufschreiben von Texten, die punkto Wortschatz und Satzbau schwierig sind, gelingt nach sorgfältiger Vorbereitung besser.

- Lies den Text zuerst durch und merke dir den Inhalt (Probe: jemandem den Inhalt erzählen).
- Hebe dann die schwierigen Wörter im Text mit Farbe hervor und präge dir diese Stellen ein.

Den toten Punkt überwinden
Wer in einer schwierigen Situation nicht mehr weiter weiss, ist an einem toten Punkt angelangt. Da bewegt sich nichts mehr. Der zur Redewendung und zum geflügelten Wort gewordene tote Punkt geht auf die Dampfmaschine zurück. Das System der schon 1765 erfundenen und im 19. Jahrhundert zur höchsten Reife entwickelten Dampfmaschine beruht auf der rhythmischen Abstossung des Kolbens im Zylinder durch den Dampfdruck. Diese Hin- und Herbewegung wird in eine Kreisbewegung umgesetzt durch die scharnierartig an der Kolbenstange befestigte Pleuelstange, welche ihrerseits an einem Schwungrad befestigt ist. In dieser Kreisbewegung liegen nun, nämlich am nächsten und am entferntesten Punkt, zwei «tote Punkte», die durch Schwung bei jeder vollen Umdrehung zu überwinden sind. Auf diese beiden toten Punkte geht die sprichwörtliche Redensart zurück.

Die verkehrte Welt
Wenn etwas nicht ist, wie man meint, es müsste sein, so ist die «Welt verkehrt», zum Beispiel, wenn es im Sommer schneit, wenn ein schwächeres Tier das stärkere reisst, wenn der Jäger zum Gejagten wird oder wenn ein Blinder die Sehenden führt. Die «verkehrten Welten» werden nach dem Aufkommen des Buchdrucks um 1500 beliebt, denn beim Buchdruck muss der Text spiegelverkehrt gesetzt werden. Die Erfindung des Buchdrucks in der Zeit der Renaissance ist eine der wichtigsten Errungenschaften der Neuzeit. Erst durch ihn konnte wichtiges Wissen einer breiteren Schicht zugänglich gemacht werden. Die Vorstellung von der verkehrten Welt geht aber schon auf die Antike zurück, etwa auf die Fabeln des Äsop, in denen ja häufig ein Schwächerer den Stärkeren überlistet.

Einen aus dem Sattel heben
Wer jemanden aus dem Sattel hebt, geht als Sieger aus einem Zweikampf hervor. Die Redensart geht auf das mittelalterliche Turnier zurück. Im Rahmen eines festlichen Rittertreffens wurden verschiedene Kampfspiele ausgetragen. Bei einem dieser Spiele preschten zwei berittene Kämpfer mit gesenkter, stumpfer Lanze aufeinander zu und versuchten sich gegenseitig mit einem gezielten Stoss aus dem Sattel zu heben. Der Preis für den Verlierer war hoch: Er musste dem Überlegenen Pferd und Rüstung überlassen.
Der Sieger hingegen durfte sich vor einer jungen Schönen verneigen, die ihm ein Lächeln schenkte. Der Turnierplatz war ein längliches Geviert, die sogenannte Kampfbahn. Bei einem anderen Spiel ging es darum, eine gegnerische Gruppe aus der Bahn zu werfen, was sich in einer weiteren Redewendung niedergeschlagen hat.

An den Pranger stellen
Die Ausdrücke «anprangern», «an den Pranger stellen», «blossstellen» gehen auf eine mittelalterliche Strafmassnahme zurück. Der oder die Verurteilte wurde auf ein speziell dazu vorgesehenes Podest gestellt, an einen Schandpfahl gebunden oder in einen runden, drehbaren Holzkäfig gesperrt, ins «Drillhäuschen», das zur Belustigung des Publikums angetrieben werden konnte, bis dem oder der zur Schau Gestellten Sehen und Hören verging. Der Ort der Anprangerung war häufig eine Ecke des Rathauses, also mitten in der Stadt, wo die Leute zum Markt zusammenliefen. Dieses entwürdigende Anprangern diente der Abschreckung. Wer wollte schon zum Gespött der ganzen Stadt werden.

Nach: A. Furger: Der rote Faden. Von der Redensart zum Geschichtsbild. Verlag NZZ.

RZ11 Satzzeichen als Lesehilfe
Zeichensetzung

Evas Ferienpraktikum im Büro

Sie tippte zwei Briefe die ihr der Chef am Vormittag
diktiert hatte es kam ihr merkwürdig vor wenn
sie ihr ‹ez› auf die Briefe schrieb in zwei drei Monaten
würden die Leute fragen ‹ez› wer war das
falls sie zufällig einen der Briefe in die Hand bekämen
Unsinn sie würden nicht einmal fragen, weil
es völlig egal war wer einen Brief getippt hatte es machte
vielleicht einen Unterschied wer ihn diktiert hatte
aber im Grunde war auch das egal sie verwendeten
alle dieselben Sätze

die Türe wurde aufgerissen der Chef kam er war in bester
Laune erzählte einen Witz tätschelte Fräulein Winter
die Hand als sie eine Unterschrift von ihm verlangte schlug
Herrn Dinhofer auf die Schulter erzählte eine Geschichte
über Leute die anscheinend alle ausser Eva kannten und über
die laut gelacht wurde Herr Dinhofer lachte mit

Eva hätte sich am liebsten die Ohren zugehalten sie tippte
doppelt so schnell wie sonst ohne auf Fehler zu achten

unser Pupperl ist aber wirklich fleissig sagte der Chef
er blieb neben Manfreds Schreibtisch stehen
da kannst du dir ein Beispiel nehmen mein Lieber
Eva kaute den ganzen Nachmittag lang an ihrer
Wut sie war wütend auf Herrn Dinhofer der sich beleidigen
liess und dann Männchen machte wenn der Chef
wieder freundlich war sie war wütend auf den Chef
und sie war wütend auf die anderen die zusahen
die sich nicht kümmerten sie war auch wütend auf sich
selbst

später schickte der Chef sie hinunter ins Lager die
Chauffeure pfiffen hinter ihr her sie ging schnell
in das verglaste Büro am Ende des langen düsteren
Raumes von den Chauffeuren redeten die Leute
oben im Büro fast genauso wie von der Putzfrau gleichzeitig
waren sie neidisch auf die Löhne der Fernfahrer
wozu braucht so ein Prolet so viel Geld hatte Fräulein
Winter gestern gefragt der verdient dreimal so
viel wie ich

Nach: R. Welsh: Das Leben leben. Hamburg, 1991

Die Schülerin Eva Zettner macht ein Ferienpraktikum im Büro. Dabei lernt sie nicht nur die Büroarbeit kennen, sondern auch die Menschen, die in diesem Büro arbeiten. Sie setzt sich mit ihnen auseinander, mit ihrem Denken und ihrem Verhalten.

Textgliederung

Texte können mit verschiedenen Mitteln gegliedert werden. Der Text links ist in _____ gegliedert.

Es fehlen aber die Satzzeichen, was das Lesen erschwert.

Satzendzeichen:
Die Gliederung des Texts in Sätze ergibt die Schritte, in denen man sich beim Lesen einen Text erschliesst.

Komma trennt Teilsätze:
Zusammengesetzte Sätze werden durch das Komma (seltener durch den Strichpunkt) in Teilsätze unterteilt. Auch diese Gliederung erleichtert das Lesen.

Komma bei Aufzählungen und Einschüben:
Das Komma gliedert auch Aufzählungen und trennt Ausdrücke ab, die in einen Satz eingeschoben sind.

- Setze die Satzzeichen im Text ein. Benütze dazu die Übersichten Ü26–Ü28.
- Unterstreiche alle einfachen Sätze im Text.